Business Model Innovation Design Diagram

Internet +
Strategic Restructuring

商业模式创新设计路线图

互联网+战略重构

石泽杰◎著

中国经济出版社
CHINA ECONOMIC PUBLISHING HOUSE
北京

图书在版编目(CIP)数据

商业模式创新设计路线图 / 石泽杰著．—北京：
中国经济出版社，2016.10（2020.4重印）
ISBN 978 - 7 - 5136 - 4355 - 9

Ⅰ.①商… Ⅱ.①石… Ⅲ.①商业模式 - 研究
Ⅳ.①F71

中国版本图书馆 CIP 数据核字(2016)第 201361 号

责任编辑　彭　欣
责任审读　贺　静
责任印制　马小宾
封面设计　九品轩

出版发行　中国经济出版社
印 刷 者　北京力信诚印刷有限公司
经 销 者　各地新华书店
开　　本　710mm × 1000mm　1/16
印　　张　14.5
字　　数　218 千字
版　　次　2016 年 10 月第 1 版
印　　次　2020 年 4 月第 3 次
定　　价　48.00 元
广告经营许可证　京西工商广字第 8179 号

中国经济出版社 **网址** www.economyph.com **社址** 北京市西城区百万庄北街 3 号 **邮编** 100037
本版图书如存在印装质量问题，请与本社发行中心联系调换（联系电话：010 - 68330607）

序1
正在重塑的商业世界

华智晟远（北京）管理咨询
有限公司　董事长　**石泽杰**

我们面临着一个瞬息万变的环境，互联网正在重塑整个商业世界，所有的企业都在焦虑中寻求解决方向。

随着市场的饱和，企业的发展逐渐触碰到成长的边界，曾经驾轻就熟的各种经营手段再也无法像以前那样得心应手了。

因此，企业变得非常迷茫，不知道该去往何处。更让很多企业迷茫的是，在自己的企业举步维艰的时候，有的企业却在一夜之间变成了巨头。过去我们做企业强调要专注，可今天越来越多的企业“不务正业”，转向了无边界竞争和跨界融合。

顺丰由物流快递开始做实体便利店。微信的出现，使中国三大通信运营商颇受影响，人均短信应用下降了20%，通话时间下降了5%。麦当劳作为全球知名餐饮品牌，可它在英国却做着最大的图书经销，每年的图书销售量达到1500万册。以搜索引擎起家的谷歌，在全球互联网搜索引擎市场上拥有巨大的优势，而它同时又是一家广告公司，在广告市场，也同样有着绝对的优势，目前它又延伸到了可穿戴设备、无人驾驶汽车、手机等高科技领域，成为一家科技公司。

互联网颠覆了企业传统的经营逻辑和方法，使企业由过去面对区域市场转向了无边无际的空间。

快速的变化是传统企业面临的最大难题。过去企业从建立样板市场到全国布局需要3～5年，而在互联网时代，小米手机从创立到拥有450亿元市值只用了1年，三只松鼠从创立到拥有10亿元市值只用了2年。

同样，企业从成功走向失败也是瞬间之事。诺基亚从橡胶鞋做起，用了50年成了世界手机界的霸主，而由巅峰迅速下滑到轰然倒塌却只用了5年。美国互联网新锐、团购网站风潮中的佼佼者Groupon达到10亿美元收入所花的时间，在人类历史上比任何公司都短，但它被大量竞争者逼到墙角的时间也同样短得惊人。

在互联网时代，我们发现颠覆企业的竞争对手经常是来自行业以外的市场。人们憧憬新能源电动汽车的时候，它的幕后推手却不是老牌的福特、通用，也不是以精细管理著称的丰田，而是来自行业之外名不见经传的特斯拉。

在互联网时代，行业界限变得越来越模糊，市场已经进入了无边界竞争状态。

有人说我们目前已经进入了商业X时代。何为X时代？就是未知的、对未来不能确定的、没有规律可循的。难道我们经营企业真的毫无规律可循吗？答案是否定的。任何成功的企业都是随着环境的变化而不断地变化自身，把握发展的大趋势，在正确的时间做正确的事——进行商业模式创新，借助互联网和高科技技术的应用，重构经营逻辑。

阿里巴巴集团首席战略官曾鸣先生说过，最前沿的技术和最创新的商业模式往往是共同演进的，成功的创新商业模式才能最终把技术创新的价值最大化，淘宝的电子商务生态圈和云计算、大数据的技术进步是紧密相连的。

行业

界限变得越来越模糊

市场

已经进入了无边界竞争

颠覆

从外界进入行业中

谷歌的成功就是商业与技术同时成功的。

本书引用了在当今互联网时代凭借前瞻性的创新能力胜出的企业作为案例，但并不代表我们必须模仿这些企业的做法，毕竟世界上没有商业模式完全相同的两个企业；另外，这些企业是在当今环境下拔得头筹，并不代表在未来的路上永远领先，毕竟市场在变化、环境在变化，企业的发展也必须保持实时变化，如果跟不上时代的节拍，一样会消失陨落。

本书还引用了在当今互联网时代没有抓住发展趋势而被颠覆的企业，这些恰恰是企业经营者需要引以为鉴的。

正反两方面的案例都在告知企业，在快速变化的环境中，不但要洞察商业本质，还要构建随时应变的生态系统。

快速迭代以及变幻莫测的环境，让许多传统企业无所适从，如何在这个易变的互联网时代保持企业的竞争力，是所有企业面临的一大挑战。本书所分享的内容就是在互联网时代，教您如何探寻企业成功发展的规律，以找到商业模式创新的路径。

2016 年 6 月 · 北京

序2
未来已至，只是分布不均

华智晟远（北京）管理咨询有限公司 副总裁、高级顾问
张建朋

互联网正在加速重塑传统产业，创新颠覆者以前所未有的迅猛，从一个领域进入另一个领域。眼见一个个行业被互联网重塑，新的“野蛮”企业几乎瞬间发展壮大，让传统企业越发地看不懂、看不清、不知所措。越来越多的企业迷茫于自身何去何从，迷失于因盲目跟风而陷入的发展泥潭中。随着“互联网+”上升为国家战略，拥抱互联网的转型几乎成为所有企业的共同课题，而如何从本质上认识互联网、认清互联网，则是每一位思考互联网转型的企业家避免战略决策失误的首要必修课。正如科幻作家威廉·吉布森说过的一句话：“未来已至，只是分布不均。”

本书的核心思想就是要告诉大家：在这个互联网时代，一定要有所变、有所不变。不变的是商业的本质，改变的是传统的商业模式。在互联网时代，以客户为中心，为客户创造独特价值的本质不但没有改变，而且越发地迫切和急需。互联网最大的特征就是“开放”，让信息成本趋近于零。一方面，消除了供（传统企业）和需（消费者）之间的距离，让企业更加容易地接近客户、了解客户的个性化需求，与客户互动并全流程参与，为客户创造个性化价值；另一方面，互联网让企业更快、更加容易地整合产业链上下游资源，更好地为客户提供价值，同时运用云计算、大数据技术提升企业自身运营管理能力和效率，使精益研发、精益生产、精准营销成为可能，企业家不再是拍脑袋决策、拍胸脯后悔。

本书通过大量的企业咨询实战案例，告诉您上述思想是如何指导传统企业转型升级的，研读完此书，将让您学会如何从商业的本质洞悉互联网的发展，从互联网的本质思考传统企业的未来。

前言

本书的核心是关于“如何利用互联网进行商业模式创新”的内容，但这并不意味着本书要盲目地“鼓吹互联网”，而是以客观的角度来“审视互联网”。

互联网如同“一夜春风来”，让很多企业为之焦虑，也让很多创业者为之疯狂。

有着互联网背景，特别是从“BAT”出来的人，几乎成了创业公司的“标配”，这倒不是说这些互联网人才有多大能力，这只是成了创业公司的标志。创业公司从BAT随便挖出来一个人，哪怕是一个产品经理，都希望自己的身份是“合伙人”，因为有了这样的互联网人才就意味着企业能够吸引到投资者的注意、能够融到资、能够把价值估高。

根据网络公开资料，截至2015年底，国内互联网领域总共发生的融资数是1878笔，融资总金额超过1000亿元人民币。笔者要表达的不是数字的多少，而是反问这千亿元的资金运作有多少是成功的？换句话说，这些资金有多少是在社会价值和人类进步的层面助推企业进行创新的。PayPal创始人，《从0到1》的作者彼得·蒂尔曾批评硅谷的投资者，“我们需要能飞的汽车，但结果却得到了140个字符”，意思是批评那些投资者为了谋求短期快速的利润，只投资轻量资本的企业，导致人类几十年来在尖端科技层面进步很小。

很多中国企业更是具有同样的弊端，只注重财务数字，而忽视价值创造。有很多企业太过于急功近利，导致企业偏离原本的价值路线，在利欲熏心的道路上越走越远，直至跌进无底深渊。

无论在任何时代，企业经营必须具备哲学的思维和社会价值观，而不是盲从潮流。很多企业的创新只是停留在产品满足市场需求的低层面上，而很少有企业的创新是基于社会或者思想层面。这并不是一个“高大上”的问题，而是一个哲学问题——想要获得持久发展的价值，就不要盲目地跟风建立一个没有特色的企业。

到目前为止，中国还缺乏具有影响力的企业出现，一切缘由就是创新意识的匮乏。

互联网与中国制造业一样，核心技术被发达国家所掌握，中国处于互联网产业的下游环节，中国“先进的”是互联网应用领域而非核心技术研发领域。由于这些核心技术是“抄”自于西方发达国家，以至于C2C有“Copy 2 China”之说。很多成功的互联网企业身上都或多或少地折射出了美国互联网公司的影子。 经过了20多年的发展，互联网在某些应用技术中形成了一些优势，但是从整体上来看，中国本土互联网技术创新主要集中于应用的完善与改良，除了少数巨头企业，很少涉及核心技术的研发。

互联网的井喷发展并不是技术的推动，而是中国巨大的人口需求造就了互联网在消费领域的繁荣。接下来的后工业时代，中国产业的发展必须根植于技术创新和数字改造的能力上。

我们所要探讨的不是“互联网+”或“+互联网”的问题，一切事物不从本质的层面去解决，就都是昙花一现。随波逐流做出来的事情不会持久。我们只有看透商业的本质，才能看清“互联网+”的内核，才能够用好互联网，因为任何技术的变革、社会的进步，都离不开哲学和思想的范畴。

企业追求的也不应该是“互联网思维”，而是前瞻的商业洞见和灵敏的商业嗅觉，能够敏锐地奔走在行业前沿，抓取技术潮流并吸收运用。最为重要的是企业要学会构造开放的战略布局，善于嫁接整合外在的伙伴支持，借力借势迅速完成转型。

无论在任何时代和任何背景下，企业的发展都不该偏离本属的核心——创造价值。特别是互联网时代，企业的边界已经完全开放，企业必须更精准地回答出，您的企业为什么比竞争者提供的价值更优、更持续？

传统的内部创新已经无法使企业保持竞争活力，企业在把握客户的核心需求之后，将内外部进行系统开放，使各个环节开放给更多的合作伙伴，建立开放式思维，形成开放式创新的平台。最前沿的战略研究大师加里·哈默尔在《竞争大未来》中指出，企业必须打破旧有的思想框架，以积极开放的胸怀去思考、接受不同的经营架构，把握未来趋势、建立战略架构、组织核心能力，从而在创新中掌握竞争优势。

重构战略与进行开放式创新是当今企业超越竞争的核心法则，也是国家未来经济发展战略中的核心理念。

2016 年 6 月 · 北京

本书分享的内容：

- 系统解决企业的发展问题
- 企业在未来环境中胜出的创新思维
- 找寻企业经营背后的“正向逻辑”
- 传统企业如何进行“互联网+”

目录

CONT

ENTS

CONT

ENTS

CONT

第一章

互联网＋商业模式创新时代

第一节　中国企业发展经历的四个阶段

一、中国企业发展的四个阶段及特点

自改革开放以来 30 多年的时间，中国企业发展经历了四个阶段：

第一个阶段是 20 世纪 80 年代的产品销售时代。这个阶段的特点是产品供不应求，只要有产品就一定能卖出去。这个阶段企业关注的重点是体制风险。

第二个阶段是 20 世纪 90 年代的营销广告时代。这个阶段的特点是需求大爆发，企业只要会运用广告和营销，产品就能很好地销售。这个阶段企业关注的重点是经营与管理的风险。

第三个阶段是 21 世纪初的工具效率时代。这个阶段的特点是竞争激烈，规模优势凸显。为了提升运营效率，企业开始学习各种“工具”：品牌规划、市场定位、细节管理、绩效考核等。这个阶段企业关注的重点是使用和提升效率。

第四个阶段是 2008 年以后的商业模式思维时代。这个阶段的特点是竞争充分，需求相对过剩。这个阶段企业关注的重点是系统竞争、模式创新及转型升级。

产品供不应求的时代，企业所关注的是经营体制的风险，也就是在企业的经营过程中，最担心体制出现问题；到了营销广告时代，企业关注的是经营与管理的风险，规模上来之后，企业自然开始关注经营上和管理上的风险；到了工具效率时代，企业所关注的是工具使用和效率提升问题；

而在我们当今的商业模式思维时代，企业所关注的是三个关键词——系统、模式和思维。

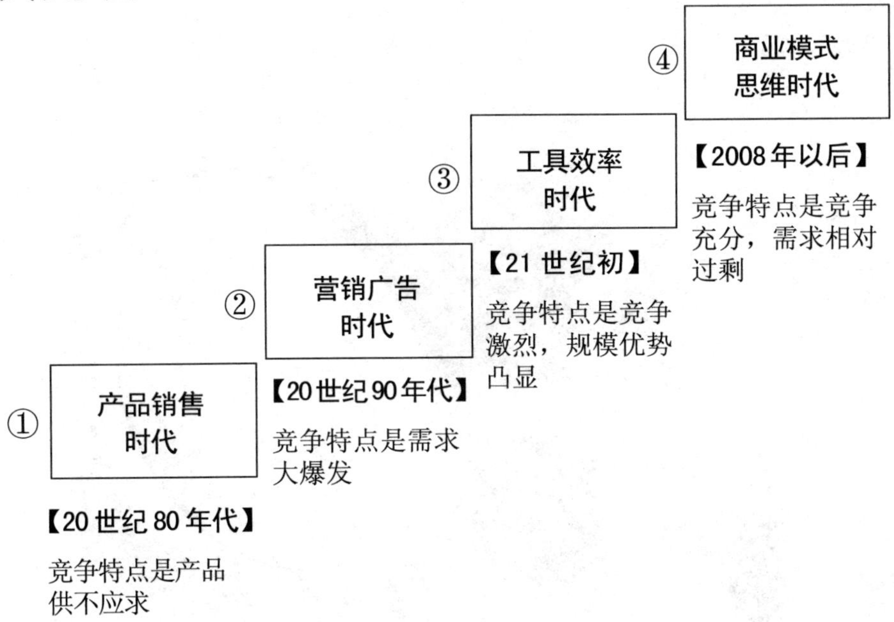

二、中国经济转型升级势在必行

过去的30多年里，中国经济处于全面成长的追赶阶段，有巨大的消费需求及多种红利为支撑。而现在，中国经济赖以快速增长的多种红利支撑都已经成为过去时，要么消耗殆尽，要么今非昔比。人口红利、资源优势、环境承受力以及中国的追赶型增长模式，都已经到达了极限。

中国已经到了必须对经济系统性风险正视的阶段，影响未来中国宏观经济的风险不仅仅是地方债务风险，产能过剩、房地产泡沫等各种高杠杆的风险都成了危险系数极高的因素。

在国家全面深化经济改革、提高优化产业结构的转型期内，许多行业的产能将全面过剩，随之而来的是过去那种已经无法让企业在过度竞争的市场中生存发展的简单、粗放的企业经营管理方式，企业倒闭与亏损严重、银行

不良贷款增加及通货膨胀的压力将进一步上升。

政府基于这样的现实问题，提出了走经济可持续发展之路。其实，对于走在经济转型路上的企业来说都希望如此，谁都不想被时代抛弃，不愿被趋势落下，谁都想踩准时代的节拍，获得持续的利润，使企业得以生存发展。但是面对如此风云变幻的商业时代，处在产品过度竞争与一片红海的市场，企业无论大小、发展时间长短，都处于如履薄冰、战战兢兢的状态。

李克强总理在2015年政府工作报告中指出，打造大众创业、万众创新和增加公共产品、公共服务，成为推动中国经济发展调速不减势、量增质更优，实现中国经济提质增效升级的“双引擎”，并强调要将此作为新常态下经济发展的新引擎。落实和完善企业研发费用的加计扣除及高新技术企业扶持等普惠性政策，鼓励企业增加创新投入，支持企业更多地参与重大科技项目的实施、科研平台的建设，推进企业主导的产学研协同创新。

世界经济论坛创始人施瓦布表示，未来中国经济将继续保持 7% 以上的增速，改革创新将成为驱动中国经济发展的力量，并要使创新真正发挥驱动力。

未来企业要发挥敢于创新、敢于突破、敢于担当的精神，将市场竞争提高到新的高度、新的层次。

“没有不能赚钱的行业，只有赚不到钱的模式。”

——《战略》作者 哈佛大学商学院教授麦克尔·波特

“研究表明，技术创新已经不再是伟大的公司区别于优秀公司的要素，当然这并不意味着技术创新不重要，而是说光有技术创新已经不够了。竞争残酷的今天，企业要想基业长青，必须超越技术层面，进行商业模式创新。”

——《基业长青》《从优秀到卓越》作者吉姆·柯林斯

第二节 中国企业传统的商业模式

一、举步维艰的传统商业模式

企业从诞生那天起就拥有了自己的商业模式，小到街边烟酒店、大到银行，都有各自的商业模式，可是大部分企业的商业模式都是自发的、传统的，大都是模仿生存，并没有进行自觉的设计和创新，都缺乏竞争壁垒和成长的持续性，这也是目前大多数民营企业举步维艰的原因所在。

比如，中国传统制造型企业的商业模式是：上游购买原材料现款现货，下游销售先货后款，这些传统企业对上游无话语权、对下游无控制，与竞争企业同质化竞争，并且随着人力成本的增加和竞争的激烈，利润越来越薄。

互联网时代，市场竞争不断加剧，企业边界已经完全开放，传统的商业模式已经不再具有优势，企业必须创新商业模式、重构企业战略。

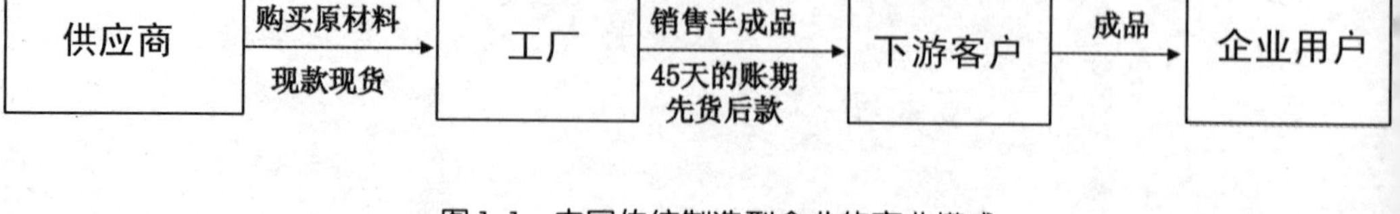

图 1-1　中国传统制造型企业的商业模式

图 1–2 中国企业传统的经营模式

图 1–3 笔者在“长三角”地区拍摄到的工厂车间照片

二、互联网时代的到来

互联网时代是一个信息便捷、技术发达和经济飞速发展的时代。企业的生存环境已经由单纯的平面市场进入了一个立体交叉、网状结构的复杂环境。企业之间的竞争变得不可控制，决策难度也越来越大，企业每天都在如履薄冰地面对自己的市场和顾客，稍有不慎便会掉进万劫不复的深渊。

企业已经不像过去那么容易生存发展，每天都有新生的企业出现，每天又有无数的企业倒下。据《财富》杂志报道：美国中小企业平均寿命不足7年，大企业平均寿命不足40年，而中国中小企业的平均寿命仅2.5年，集团企业的平均寿命仅7～8年；美国每年倒闭的企业约有10万家，而中国有100万家，是美国的10倍。不仅企业的生命周期短，能做强做大的企业更是寥寥无几。

中国经济环境经过30多年的发展，已经发生了翻天覆地的变化。

（1）互联网时代的冲击。互联网的兴起，不但改变了人们的生活，更改变了传统产业的发展。互联网使人们信息通信极为便捷，实现了全球平等、迅捷的交流。很多企业在“互联网+”的背景下发生了巨大变化，有的企业因嫁接互联网而实现了飞速发展（如小米手机），有的企业因互联网的影响而受到威胁（如实体店）。互联网产业已经成为国力竞争的焦点，也成了国家的战略性支柱产业，直接影响着国家在新世纪的生存和发展。

（2）跨界融合趋势明显。在互联网时代及全球化的大背景下，经济发展呈现出信息化、知识化、网络化现象，不同行业在技术创新的基础上相互渗透、相互交叉，融合为一体，逐步形成了一些新型行业。特别是信息技术发展到能够提供多样化的满足需求手段后，企业为了谋求长期的竞争优势，便在竞争中产生合作，而在合作中又会促使不同行业之间产生一定程度的融合，行业之间没有了明显的界限，有的甚至干脆没有了边界，跨界融合已成为世界性的潮流。

（3）分工越来越专业化。企业的分工越来越专业化和细微化。未来会细分出更多的新行业，随着企业数量的不断增多，市场集中度大大降低，竞争也会更加激烈。全球范围内的资源要素实现了快速流动和重新分配，过去大而全的通吃产业链的现象将越来越少，取而代之的是企业只在最擅长的领域里生存。未来您的企业不是在“外包业务”就是在“业务外包”。

专业分工和顾客需求的个性化趋势促使企业生产由大规模、标准化逐步向小批量、多品种过渡，规模经济在企业战略中的地位将被价值经济、专业经济所取代。

因此，企业必须以全球化的视野，专注于将产业链上的几个环节做到最强，提升某些环节的竞争能力，而不是所有环节都面面俱到。与此同时，企业还要加强在产业链上的合作意识，确立战略联盟、价值共享的理念意识，在开放的市场环境内与产业链的上下游紧密协作，提升在行业内的生存价值，而不是仅仅成为产业链上的附属环节。重构价值链环节，将优势集中在附加值高、发展前景好的环节上，以便在未来的竞争中占据优势地位。

（4）顾客主权时代已经到来。以企业视角“从内往外”的经营思维将一去不复返，我们必须将企业进行营销的重心转移到顾客身上。企业要更加重视顾客的权益，紧密围绕“为顾客创造价值”的市场本质来从事市场营销工作。

顾客的需求正从被动地在市场中获得满足，向主动要求企业提供个性化产品、个性化应用方案转变，一个“顾客主权”的时代正在到来。在“顾客主权”的市场环境下，企业的任务并不是简单地创造市场需求、开发产品，而是及时发现并满足用户深层次的个性化需求。

“顾客主权”的本质是对目标顾客需求的“量身订制”，也就是C2B，而不是B2C。企业不再停留于售前、售中、售后服务的层次上，而是以顾客为中心贯穿于企业生产、销售、管理、技术支持的全过程，实现企业和顾客的零距离接触。思科公司CEO约翰·钱伯斯说：“我们之所以成功，就是我们一直把手指搭在顾客的脉搏上。”

美国Forrester研究公司发布的一份调查报告认为，互联网时代将在顾客应拥有的权利方面信奉一整套全新的规则——信息无处不在、个人信息有价值、选择是一种人权、世上存在免费的午餐、建立信任无须进行面对面的交流。这充分肯定了顾客在市场中的中心地位。

企业发展正从“企业主导”向“消费主导”过渡，从产品功能满足进而向深层次、个性化满足转变。我们越来越清醒地认识到企业的持久发展源于顾客价值的创造。只有尊重顾客的主权，企业才有机会获得市场，产业才能够健康发展。

《经济学人》杂志的一项调查显示：当今 60% 以上的世界五百强企业高管认为，商业模式创新比产品和服务创新更为重要。

“中国企业基于低成本的竞争优势根本构不成商业模式，中国企业要获得真正的竞争力，迟早要转向对商业模式创新的关注！”

——《基业长青》《从优秀到卓越》作者 吉姆·柯林斯

新商业时代已经到来，各个行业的游戏规则不断被改写，新的经营形态不断涌现。

商业模式创新能力已成为决定企业生存和发展最为迫切和关键的能力。

据统计：

20% 的企业失败是因为战略方向不对！

23% 的企业失败是因为战略落地不力！

57% 的企业失败是因为商业模式创新力不足！

第三节 战略失控

一、互联网时代传统企业所面临的共性难题

改革开放30多年以来，环境发生了翻天覆地的变化。中国企业正处于变革的风口浪尖，面对全球化的竞争，“中国制造”的优势已经不在，国家不断出台政策支持中国产业结构的调整升级，只有如此才是我国经济发展方式的突破口。

产业结构调整升级的关键就是中国企业要转换经营思维、变革经营方式、提升在全球市场中的生存价值。同时，我们也不得不清醒地认识到中国企业正面临着市场化进程以来最为严峻的挑战。这种挑战不止来自企业内部，更多的是来自外界环境。那么，我们需要对这些挑战有一个清醒的认识，以便于企业在未来发展中及时采取应对措施，促使企业健康发展，从而达到中国产业结构调整升级的目标。

（1）供过于求的市场。供过于求的结果就是降价竞争，微利拼杀。我们不禁感叹，企业的生存越来越困难，逼着企业不停地推陈出新，战略调整的步伐也越来越快，原来3～5年的战略计划，不得不每年都进行战略制定。

（2）全球化竞争。“全球化”

已经不是一个新的名词，全球化竞争对中国经济发展的影响是显而易见的，它促进中国进步、技术水平提升、信息共享。

同时，全球化也威胁着中国企业的生存，我们随处可见的生活用品（手机、汽车、护肤品、服装等）几乎全部被外资品牌主导着。

《世界是平的》的作者弗里德曼说，当下全球化已经是 3.0 版时代，主导的力量既不是 1.0 版时代的“国家”，也不是 2.0 版时代的“跨国公司”，而是由网络相连、来自全球的“个体和小团队”，它要求企业要拥有在全球范围内进行资源配置、整合以及运用的能力。

对于仅仅只有 30 多年历史的中国企业来说，还没准备好就被推到具有上百年发展历史的外资企业面前与其进行抗争，要想生存，没有空间可以逃避，唯有接受挑战，应对挑战。

（3）处于产业链的低端。原材料的上涨、人力成本的提升使得“中国制造”已经不具备更多的优势，在微利的空间里苟延残喘。然而，当中国生产的产品贴上外资品牌的标签后，价格可以翻升几十倍甚至上百倍；他们还拥有调价的自主权，而我们却没有。在“研发设计、原材料采购、生产制造、物流配送、市场销售”这一系列产业链中，中国企业处于生产制造的最低端环节，没有任何附加价值可言。

互联网也是如此。中国互联网这 20 年的商业路径就是 C2C（Copy to China），也就是把美国的某种模式搬到中国来，互联网科技研发还是掌握在西方发达国家手中。中国的互联网同样也是处于互联网产业链的低端。

（4）缺乏成熟的商业模式运营机制。中国企业的成长伴随着机会主义和投机主义。众多的中国企业发展都是依靠稀有的资源和独特的关系，产生了路径依赖，以为不需要经营和管理照样能赚钱。除此之外，多数企业还习惯不停地转行，此行业不好做再去做别的行业。市场竞争的激烈使得企业换行的成本越来越高，“高速增长”和“新兴行业”也已成为历史。

与生俱来的机会主义和暴利思维严重误导着中国企业家的意识。面对全球竞争的商业环境，依靠资源、机会、关系经营的思路已经过时，中国企业不得不重整旗鼓，转换经营思维。

我们来看一下那些没有资源和市场的国家是如何生存的。以色列因国内市场规模过小，企业从一出世就不得不面向全球市场，并且因为缺乏资源，企业经营也不得不面向高科技产业。也就是说，以色列在市场和资源都缺乏的背景下，企业从诞生那天起就加入了全球竞争最为激烈的高科技市场。结果促使以色列成为在纳斯达克上市的第三大国。

战略失位：	**企业缺乏发展方向，不知该何去何从。**
营销失灵：	**市场竞争如履薄冰，传统的营销策略不再有效。**
产品失宠：	**消费者距离我们的企业渐行渐远，越来越不忠诚。**
发展失速：	**随着市场的饱和，企业的发展逐渐触碰到了成长的边界。**

中国拥有 13.7 亿人口，这让很多跨国企业对中国市场垂涎三尺。新加坡内阁资政李光耀在接受美国《商业周刊》采访时说，中国有 13 亿顾客，人们的收入逐渐增加，很有吸引力，还有一个人数不断增加的中产阶级。我们不禁疑惑，中国企业一方面面对着不断增长的巨大市场，另一方面却发展得举步维艰。

作为市场和资源庞大的中国的企业，必须苦练内功、转换思维、扎实企业经营功底、打造独特的具有竞争力的商业模式运营机制、提升核心竞争能力，才能得以生存。

（5）规模增长的陷阱。习惯于追求规模发展，这是中国企业的通病。一些中国企业发疯似的不停扩大产能、延伸业务、发展多元，手机行业便是最为明显的例子。10 多年前，海尔、海信、波导、长虹、联想、康佳、创维等各大企业蜂拥而至，纷纷延伸产品线进入手机领域，如今它们的影子都已荡然无存。

笔者在为企业做咨询的过程中，每每问及企业的目标是什么，结果企业家的回答竟如出一辙——实现销售目标多少亿，实现增长多少个百分点。虽然回答的数字有差异，但归根结底他们都是在追求规模增长。

综观那些基业长青的企业，都是以价值创造而非规模增长发展起来的。他们有清晰的战略定位，用独特的商业模式实现路径。

瑞士的罗技公司，在鼠标、键盘、游戏控制器等计算机外设领域具有强大的全球市场地位，全球年销售收入 20 多亿美元，虽不及联想的 10%，但罗技的净利润为 2.5 亿美元，相当于联想的 70%。

保时捷年销量 12 万辆，是目前全球利润率最高的汽车制造商，每售出一辆汽车获得 7350 美元的税前利润。而全球规模第一的通用汽车每辆车税前利润仅为 853 美元。2011 年，全世界范围内只有 1.1 万名员工的保时捷实现营收 109 亿欧元，远比不上大众的 50 万名员工和 1593 亿欧元，但保时捷 20.5 亿欧元的盈利却相当于大众 72 亿欧元的 30%。

因此，奉劝那些处在传统意识里的中国企业，追求规模增长不是目的，提升企业生存价值、提升企业盈利能力，成为强者，持续经营才是根本。

（6）有待完善的金融投资环境。任何一个企业的成长都离不开资本的注入。阿里巴巴、腾讯、百度、京东、蒙牛等国内知名企业的成长都与投资有着密不可分的联系。经济的发展伴随着资本的兴起，“资本”这个概念仿佛一夜之间传递到了各个企业家的脑海里。

短短几年的时间，民营、国有、合资、外资等资本机构构成了中国金融投资的运营主体。虽然金融环境在不断改善，但也存在很多问题。中国的金融投资环境相比发达国家，还非常不成熟。很多企业忽视了企业战略，陷入了为融资而融资的怪圈，使资本短期利益与企业长期收益产生矛盾，并因资本的注入而丧失了企业发展的主导权，步入了违背规律的扩张和增长的危险道路。

除此之外，因为中国企业经营缺乏成熟的运营机制和商业模式体系，无法取得金融机构的信任，一些中小企业融资难的问题仍然存在。

有些企业甚至仅靠一个好的政策、概念或项目便去融资，如中国的文化产业。国家近几年提倡文化产业发展，大量资本便涌入了文化产业，短短两年时间内，文化产业基金竟然达到了4000亿元，超过了整个行业的实体规模。因缺乏成熟可运作的项目，大量资本便涌向所谓的主题地产、文化地产。笔者断言，资金的过度涌入势必会造成崩盘。

近期，众筹平台的风行让一些企业获得了融资途径。Massolution研究报告指出，2014年全球总募集资金近60亿美元，其中90%集中在欧美市场。世界银行报告更预测，2025年，总金额将突破960亿美元，亚洲占比将大幅增长。

只有完善企业经营体制、创新企业经营思路，才能给金融投资领域营造良好的环境。

可以看到，中国企业正处在一个机遇与挑战并存的时代，巨大的竞争压力、前所未有的挑战、全球经济发展带来巨大机遇，但这个时代是优胜劣汰的时代，更是造就强者的时代。

从现在开始，中国的企业家们请理清思路、创新思维、做好基本功，带领你的企业奔向辉煌的未来，为中国的经济腾飞贡献力量。

二、传统企业生存越来越困难

过去，企业竞争的着力点多放在产品上，谁能够提供性价比高的产品，谁的广告做得多，谁就能够在市场竞争中获胜。互联网时代，信息更加畅通，消费者占据的主导地位越来越强，竞争对手获取信息的壁垒越来越低，这导致企业的竞争规则已经完全改变，产品和技术带来的先发优势越来越短，运用传统的经营方式进行竞争已经不像过去那么容易获胜，每天都有新生的企业出现，每天又有无数的企业倒下。

据统计，在中国，中小企业的平均寿命仅为两年半，集团型企业的平均寿命仅 7～8 年。美国每年倒闭的企业约有 10 万家，而中国有 100 万家，是美国的 10 倍。

通过研究标准普尔 500 指数的历史变迁：各大公司跌出这一指数的速率正在加快。在 1958 年，一家公司还有望在榜单中停留 61 年之久，而现在，各公司的平均停留年限仅为 18 年。

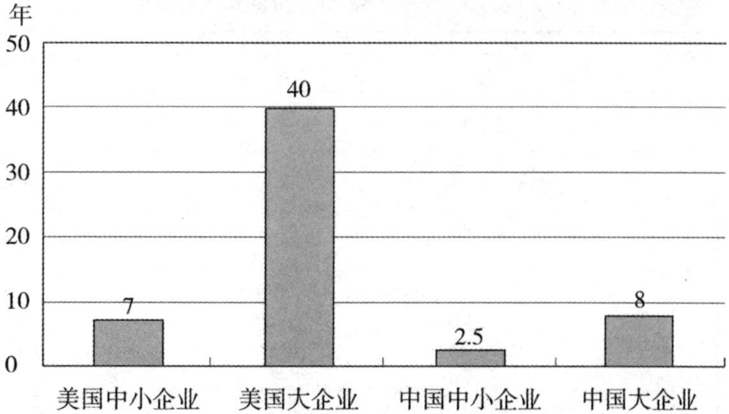

图 1–4　中、美大中小企业平均寿命对比

三、行业饱和、微利时代已经来临

研究机构对中国 600 种主要消费品进行了调查研究，覆盖食品、日化、办公、电子、服装等多个行业，结果显示供不应求的商品几乎没有，供求平衡的商品有 120 多种，占 20%，供过于求的商品有 480 多种，占 80%。

改革开放以来，经过几十年的发展，如今的社会已经进入了一个物质高度丰饶的时代，人们已经不缺乏任何产品。同时，电子商务的快速发展也使得人们在获取产品渠道上得到极大的便利，这也就预示着人们对产品或服务基本功能属性的需求几乎趋近于饱和。因此，企业如果想要继续满足消费者

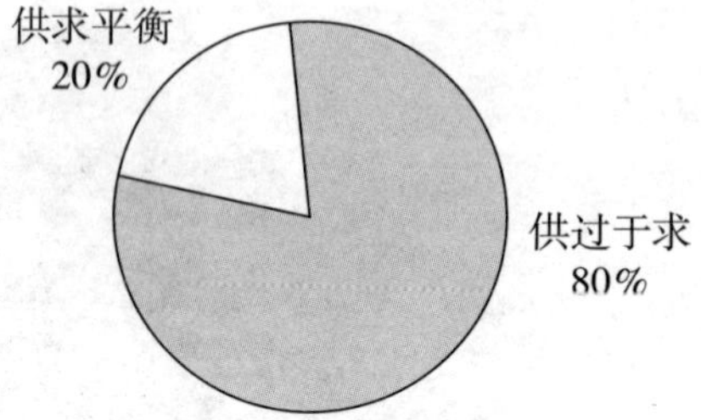

图 1–5 供求比例分析

表 1–1 行业利润率分析

行业	销售利润率
家电	<5%
餐饮业（百强）	8%
汽车	5%
商品流通业（批发和零售）	3%
服装	5.5%
钢铁	0.04%

的需求，将产品或服务出售出去获取利润，就必须进行更大程度的创新，由“满足需求”转向“挖掘需求”。

四、微利时代的企业特征

目前，绝大多数行业已经度过了井喷式的快速发展期，因人口红利带来的粗放式发展已经成为过去式，各个行业开始进入到成熟期。成熟期产业的基本特征是：产品基本饱和、需求相对稳定、行业增速平稳、利润水平较低。产品创新和技术创新给企业带来的先发优势持续的时间越来越短，市场的主导权已由卖方转向买方，企业获取目标客户的难度越来越大。

图 1-6　微利时代企业所面临的挑战

微利时代的到来明确地告诉我们一个道理：过去那种高能耗、高物耗、高污染、低附加值的粗放式的发展方式已经不具持续性。过去企业竞争采取“血拼”的方式，用大量低价的资源进行规模扩张，这样的竞争状态在微利时代已经终结，同时还表明中国经济的增长已接近资源优势的边界。企业竞争力的塑造要从过去依靠资源和垄断转为依靠效率和价值。

面对微利时代的到来，伊利集团董事长潘刚表示：“我们认识到在行业平均利润率降低的大环境里，企业的整体规模、管理水平和新品研发能力是增强企业竞争力的三大法宝。”格兰仕集团的新闻发言人赵维民说：“微利首先是一个观念，家电业现在进入了一个微利时代。家电不可能暴利，所以我们永远抱着微利思想、微利心态做才可能做长远。我们考虑的是供应链应该怎么精打细算，把过去花钱的地方变成省钱或者赚钱。”

五、市场已经从“增量竞争”转化到了“存量竞争”

“增量竞争”到“存量竞争”是市场自由经济的必然结果，是行业竞争与企业竞争的必然阶段，从计划经济到市场经济，中国经过 30 多年的发展，释放了巨大的生产力，必然推动中国进入物质相对丰富、市场相对饱和的阶段。

“增量竞争”是指在某一段时间内系统中保有数量的变化，是自由、非挤压式的，凭借各自的优势生存，类似体育中的竞技类项目。比如，企业做不了一二线市场可以做三四线市场，做不了高端市场可以做低端市场。例如，比亚迪汽车、吉利汽车都是采取回避高端市场、面对低端市场的策略，从而取得了成功。“存量竞争”是指系统在某一时间点时所保有的数量，是挤压式、压迫式的，类似体育中的对抗类项目，只有击败竞争对手才能生存。

由于市场总量有限，从“增量竞争”到“存量竞争”已经成为不争的事实。在“存量竞争”时代，实施的是淘汰制，优者生存，那些观念传统、创新凝滞的企业一定会被淘汰出局。如何在“存量竞争”时代保持竞争力是所有传统企业面临的难题。

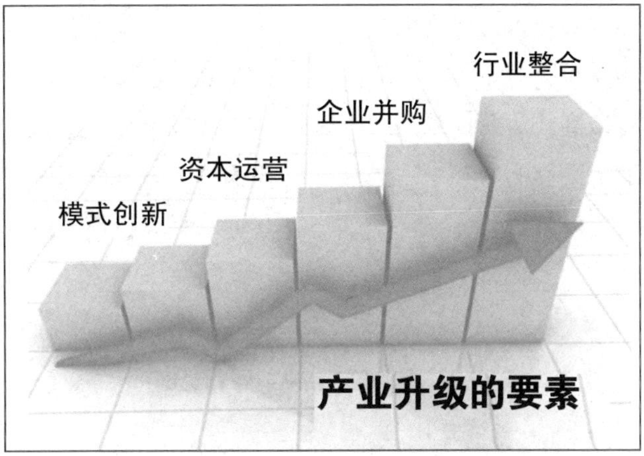

图 1–7　“存量竞争”时代企业生存的核心法则

六、企业进入“互联网 + 商业模式创新”时代

进入互联网时代，环境发生了翻天覆地的变换，企业的经营规则和商业模式创新的内涵发生了变化，笔者把商业模式创新分为两个阶段：

（1）“传统商业模式创新”时代。这个阶段是在互联网没有普及之前，企业的商业模式创新只是围绕内外资源的整合，形成产业价值链优势，构建单一竞争力，打造高效运营体系，追求高利润率。

（2）“互联网 + 商业模式创新”时代。这个阶段是随着互联网的普及，企业的商业模式创新围绕构建开放平台，互联网、高新技术、信息被深度应用，企业努力打造竞争力群组，构建可循环的生态系统，追求最大价值。

“传统商业模式创新”时代，企业追求的是市场导向和竞争导向，而“互联网 + 商业模式创新”时代，企业追求的是驱动市场和价值导向。

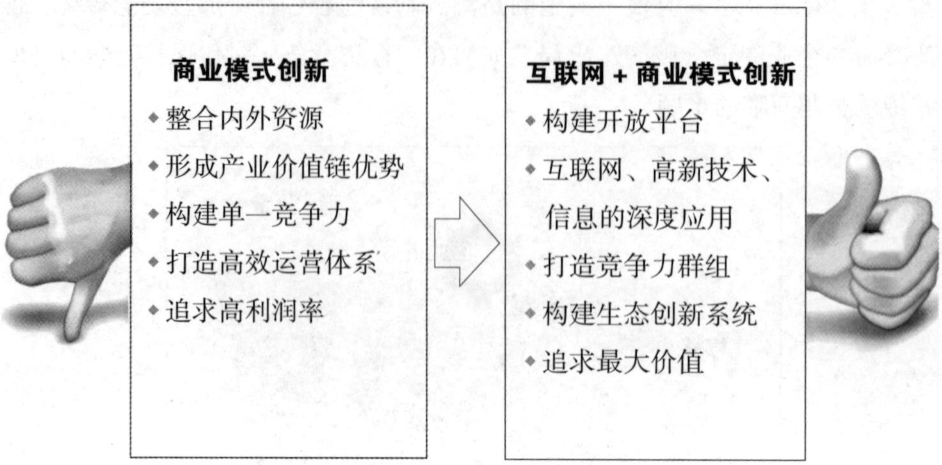

图 1–8　商业模式创新内涵的变化

案例分析：世界 500 强企业的商业模式创新思维

耐克公司

耐克公司是世界领先的运动鞋、运动服饰和运动器械的设计和营销公司，其总部位于美国俄勒冈州，公司生产的体育用品包罗万象，总营业收入超过 278 亿美元（预计 2017 财年，耐克将达到总营收 360 亿美元）。耐克只专注于设计与营销环节，实现全球范围内的资源优化配置，是世界上最早、最典型的“没有工厂的企业”。

波音公司

波音公司是全球航空航天业的领袖公司，也是世界上最大的民用和军用飞机制造商之一。此外，波音公司设计并制造旋翼飞机、电子和防御系统、导弹及卫星发射装置以及先进的信息和通信系统，其客户分布在全球90多个国家。就销售额而言，波音公司是美国最大的出口商之一，年营业额达927亿美元。

波音公司在全球70个国家共有员工16万名，来自全球约2700所大学，这样一个人才济济且极富创新精神的队伍里，几乎涵盖了商业和技术领域的所有专业，但却只生产座舱和翼尖。波音公司用一整套“技术标准”和“供应链管理规则”与供应商合作，让每一个供应商做他们自己的工作，波音将自己从“集权者”的角色中释放出来，让“供应商”在一个平台上相互交流和协作，自己则承担起“平台的维护者、监督者、推动者和支持者”的角色，让全球的“供应商”加入到开发过程中来，使最擅长做某一环节的公司负责该环节，按规则参与到设计中来。因此，供应商比波音公司更了解自己的工厂如何生产最有效率，以及如何让自己生产的零部件更好地支持波音的整机制造。

一架波音飞机，数百万个零件，由全球5000多家供应商提供，供应商在虚拟系统上协作开发、虚拟装配并组装成模块，最后运到波音公司组装成“波音787”只要3天时间。

思科公司

思科公司是全球领先的网络解决方案供应商，依靠自身的技术和对网络经济模式的深刻理解，思科成了网络应用的成功实践者之一。思科致力于为无数企业构筑网络间畅通无阻的“桥梁”，并用自己敏锐的洞察力、丰富的行业经验、先进的技术，帮助企业把网络应用转化为战略性的资产，充分挖掘网络的能量，获得竞争的优势。

思科公司的商业模式是：设计外包、制造外包、销售外包、物流外包。思科所做的工作就是利用网络搭建平台，使外部的设计者、供货商看起来就像是自己的一个部门。这样一个看起来什么都没有的企业，员工只有传统企业的1/4，其生产能力却比什么都有的企业扩大了4倍，使新产品推向市场的时间比一般企业缩短了1/3，每年节省开支达5亿美元。年销售额高达500亿美元！

“思科是个跨国公司，人员分布在世界各地，每年在会议上消耗大量经费。有一次，思科举行了一次3000人参加的合作峰会，大约有1000人没有来到会议现场，但他们却在思科和Unisfari共同创建的‘虚拟环境’中参加了会议。目前，思科已通过Unisfari的虚拟商务，吸引了来自全球2000多家公司的50多万人次参会。”

深度思考：企业发展愿景探索

序号	问　　题	思考答案
1	你企业的愿景是什么？	
2	你的企业有什么样的社会担当和责任？	
3	你的企业有潜力成为行业引领者么？	
4	重新定义你企业的价值是什么？	

第二章

商业模式创新的本质

第一节 商业模式构成逻辑及创新系统

一、传统商业模式的基本逻辑

企业经营的基本逻辑是符合“从钱、到产品、再到钱”的。开始的“钱”指的是初始资本，包括资产和资金；“产品 / 服务”包括有形产品和无形产品；最后的“钱”就是运用商业模式获得的初始资本的增值。无论是生产制企业、互联网企业、服务企业，还是代理商企业、流通企业都符合这个逻辑。

从商业模式的基本逻辑中，我们可以发现：企业的资本是反复不断运动的；与企业经营之间是彼此联系、不可分割的；资本运动是要增值的；增值的过程是能持续的并能周而复始、循环不断的。

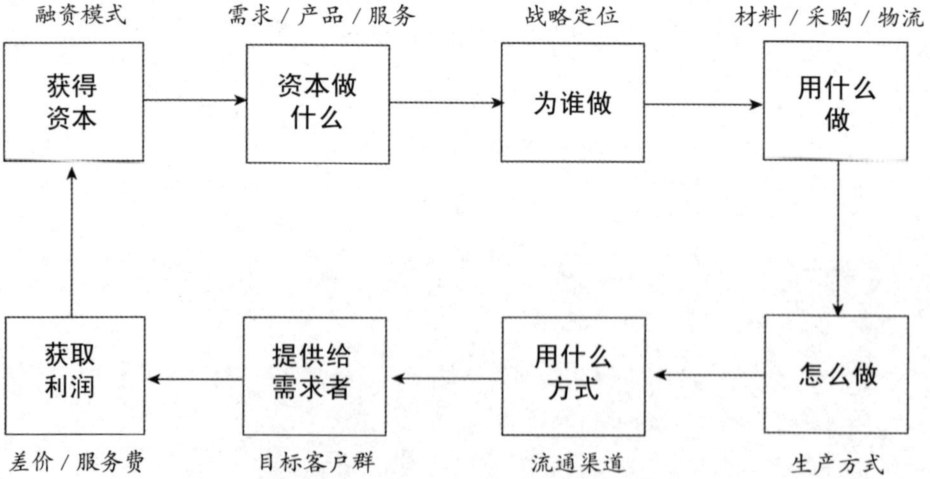

图 2-1 传统商业模式基本逻辑与构成要素

二、创新商业模式的定义

1997 年 10 月，美国著名投资商罗伯森问宽带资本董事长、亚信创始人田朔宁：“既然来寻找投资，那么请告诉我亚信的商业模式是什么？”田朔宁听后一头雾水。讲述了半天也没能讲出亚信的商业模式到底是什么。罗伯森最后解释说：“1 块钱通过你的公司绕了一圈，出来的时候变成 1 块 1，商业模式就是指这 1 毛钱是如何增加的。”商业模式就是指“1 毛钱利润增加”的经营逻辑。

在互联网时代，企业必须从产品创新、技术创新、品类创新、资源整合创新，走向营销创新、服务创新与价值增值创新、管理与流程创新、组织构架创新，再进一步走向经营模式、运营模式和商业模式这种全方位、全系统的创新。

笔者认为，互联网时代的商业模式创新就是为实现最优客户价值而构建的商业经营逻辑：以构建开放的企业平台为载体，以整合企业内外资源为基础，以打造独特的核心能力为核心，以形成持续运营的生态系统为导向，以实现客户价值为目的，以实现持续赢利为结果。

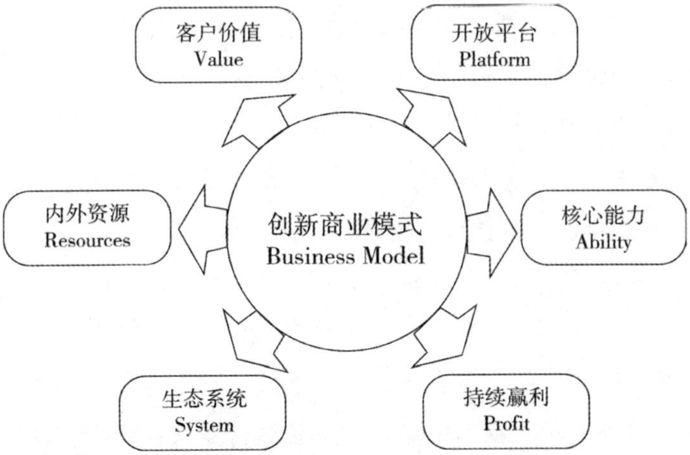

图 2-2　创新商业模式的核心要素

三、创新商业模式的六大特点

互联网时代，新技术应用和全球化发展推动了产品周期、生命周期和产业周期的缩短。在高度横向分工的产业组织中，企业极易变得越来越相互依存，产品越来越趋同，商业模式创新就变成了企业竞争的核心。互联网时代，商业模式创新需要具备以下六个特点：

特点一：独特性、创新性。企业必须要塑造自己的独特性和创新性，使自己的商业模式有别于其他企业，能持续发展和赢利。

特点二：有一定门槛，不易被模仿。不能让企业马上被竞争对手模仿。

特点三：客户价值的挖掘、满足、实现。满足客户未被满足的精准需求，同时不断挖掘客户潜在的需求，并能持续不断地满足。

特点四：整合和嫁接资源。企业善于嫁接和整合资源，并将整合的资源形成有价值的生产力；不为企业所有，但要为企业所用。

特点五：核心能力群组。互联网时代，企业必须构建多个竞争力，形成核心力群组，才能有效屏蔽竞争。

特点六：生态系统。企业必须敏锐感知外界环境的变化，并能随行业环境的变化、与时俱进、自我调节，形成生态运营系统。

商业模式创新需要回答四个问题：

（1）目标客户是谁，未被满足的精准需求是什么？

（2）目标客户选择什么渠道，盈利模式是什么？

（3）如何重构企业的经营逻辑，并且建立持续的竞争壁垒？

（4）如何整合资源，构建分工协作的开放平台？

很多商业模式创新，是对原有客户服务和产品的升级和换代，也就是说，在老客户的身上做文章、挖掘潜力，用新的产品和服务获得客户的持续支持。或者运用新型的渠道，比如电子商务渠道，更好地满足客户的需要。这是很多企业进行商业模式创新的基本思路，但是必须重新认真思考：新的企业价值主张是否能够传达给原有的客户？目标客户对新的主张是否接受？

四、商业模式创新的五个步骤

企业的战略重构与商业模式创新是一个系统工程，难度相当于再造一个企业，因此我们需要系统的思维和逻辑来进行思考。笔者经过多年的企业研究与咨询，将商业模式创新总结归纳为五大系统，即客户定位、价值构建、价值实现、盈利模式、战略控制。这五个步骤相互影响相互依存，构成了一个正向前进、生态循环的有效系统。

（1）客户定位。客户定位是指目标客户定位和精准需求洞察。要明确你企业的目标客户是谁，你企业在为谁创造价值。

（2）价值构建。价值构建是指战略定位和价值主张。要知道你企业满足了客户的什么需求，为客户创造了什么样的独特的、有差异化的价值 。

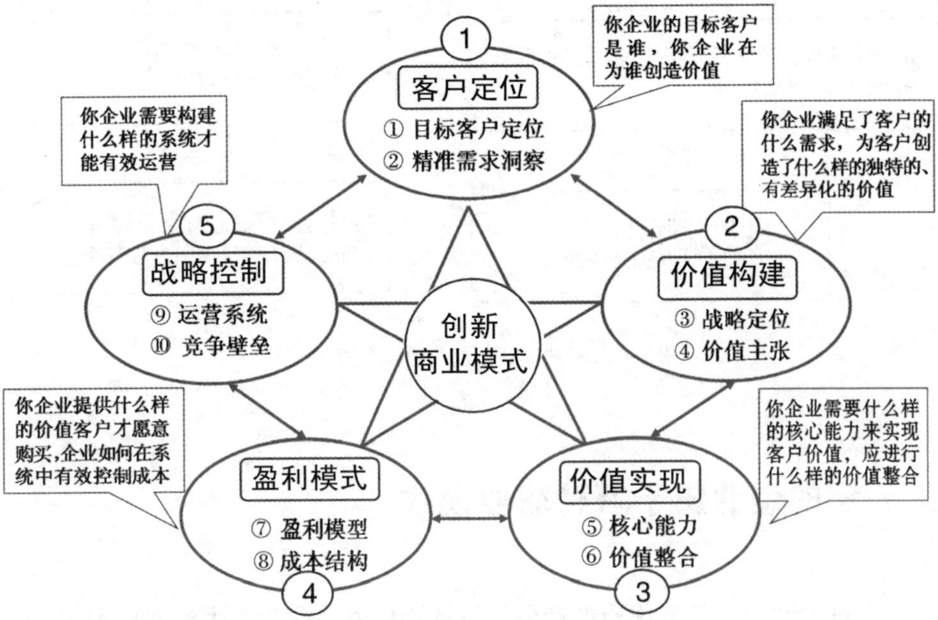

图 2-3　商业模式创新实现步骤

（3）价值实现。价值实现是指核心能力和价值整合。要明确你企业需要什么样的核心能力来实现客户价值，应进行什么样的价值整合。

（4）盈利模式。盈利模式是指盈利模型和成本结构。要知道你的企业提供什么样的价值客户才愿意购买，你的企业如何在系统中有效控制成本 。

（5）战略控制。战略控制是指运营系统和竞争壁垒。要知道你企业需要构建什么样的系统才能有效运营。

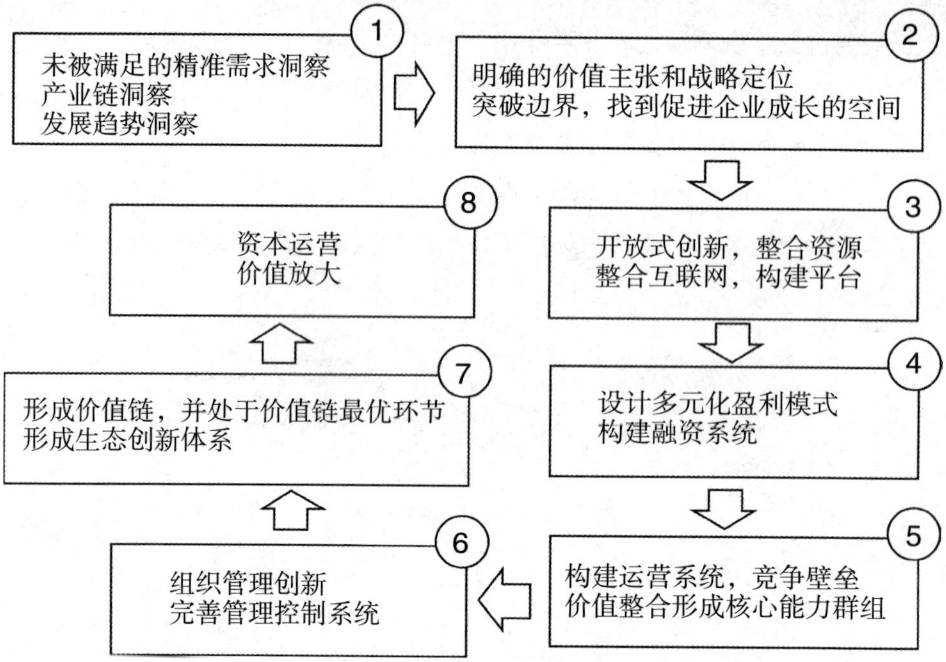

图 2-4　商业模式创新价值实现路径

五、您的企业属于哪种商业模式

互联网时代，拥有优质的产品和资产不代表企业会有大的发展潜力。一个企业要做大做强，必须要有创新的商业模式，很多企业做到一定阶段就停滞不前，或者还没等开始发展就消沉了，原因是没有找到良好的商业模式。经过粗放式发展的时代，中国企业已经进入到精益创业和模式创新的阶段，未来的企业没有顶层设计就一定没有未来。

根据商业模式价值创造的方式，可以将商业模式分为以下四种类型：①平台价值模式，通过构建一个上下游、平行企业或个人之间的价值交换平台，提供服务获取利润；②整合价值模式，通过对价值链及价值网的整合，实现企业的价值增长；③比较价值模式，通过向客户提供差异化的产品和服务，较同类竞争对手具有价值比较优势；④利基价值模式，基于基础产品继续为客户提供后续的互补性或衍生产品而多重赢利 。你的企业属于以下模式中的哪一种？

平台价值模式	通过构建一个上下游、平行企业或个人之间的价值交换平台，提供服务获取利润。代表企业：淘宝、京东
整合价值模式	通过对价值链及价值网的整合，实现企业的价值增长。代表企业：苏宁、小米
比较价值模式	通过向客户提供差异化的产品和服务，较同类竞争对手具有价值比较优势。代表企业：英特尔、星巴克
利基价值模式	基于基础产品继续为客户提供后续的互补性或衍生产品而多重赢利。代表企业：吉列、迪士尼

第二节 企业经营的本质

一、客户价值创造是企业经营的本质

市场的快速迭代以及环境的变幻莫测是互联网时代的特点，但这并不意味着企业经营的本质会发生变化。无论任何时代和任何背景，企业的发展都不该偏离本属的核心——为客户创造更优价值。若忽视了客户价值的创造，任何“互联网+”都是空中楼阁。诺基亚就是因为太过于享受“自我乐趣”，忽视了互联网环境下消费者的价值需求，最终走向了不归路。

德鲁克在《管理的实践》一书中说过，企业经营的目的是创造客户，为客户提供产品或服务，而不是利润的最大化。眼睛仅仅盯着利润的企业，总有一天是没有利润的。企业经营的根本就是客户价值，商业模式的核心就是“利他”，以客户的视角看问题！

你愿意为别人服务的时候，你就获得了更多地为自己创造财富的机会！你在多大程度上为别人考虑，你就能取得多大程度的成功！

二、利润是企业经营的限制因素

赢利能力不是企业经营活动的目的，而是企业经营的一个限制因素。利润不是企业行为和企业决策的理由或根本原因，而是对企业经营有效性的一种检验。任何企业的第一项考验都不是利润的最大化，而是获得足够的利润以抵偿经济活动上的各种风险，以此来规避损失。

任何时代，企业经营的本质意义都未曾改变过：提供独特的价值满足客户的精准需求！“最优客户价值”是企业主观追求的目的；“持续赢利”是企业客观造成的结果。因此说，企业经营的目的就是：发现需求，实现客户价值；挖掘需求，提升客户价值；创造需求，创造客户价值！

满足客户需求、实现客户价值是前提条件，利润只是检验企业持续经营的一个限制性因素。

任何时代，企业经营的本质意义都未曾改变过——

提供独特的价值，满足客户的精准需求！

“最优客户价值”是主观追求的目的；

“持续赢利”是客观造成的结果。

企业经营的目的：

发现需求，实现客户价值；

挖掘需求，提升客户价值；

创造需求，创造客户价值！

“经营企业就是提供价值，而利润只是一个结果。”

—— 亚洲首富　李嘉诚

“我想，作家是为了自己的良心而写作，为了自己的真正读者而写作，为了灵魂而写作，没人会为了获奖而写作。”

—— 诺贝尔文学奖获得者　莫言

“坦白地讲，首富不是我要追求的事，挣钱的目的是为了帮助更多人，这才是真正的企业家精神。有人问我怎么才能挣大钱？我说，当你为理想、梦想坚忍不拔地努力的时候，顺便挣钱，那个钱就是大钱。”

——2015 中国新首富，
汉能控股董事局主席　李河君

表 2-1 中、美公司价值观差异

	美国公司价值观	中国公司价值观
产品目标	√ 做出能改变世界的产品	√ 改变生活 √ 单一的商业或者财务诉求
技术目标	√ 技术怎么改变人类社会认知 √ 对人性带来深远的影响	√ 研究技术本身
发展目标	√ 汇聚人才 √ 引领使命	√ 吸引用户 √ 获得投资

第三节 客户价值深度剖析

一、客户价值公式

商业模式创新的核心就是提供更优客户价值，也就是说，客户价值是企业战略重构的关键。客户对产品或服务的总体认知效果越好，付出的总成本越低，企业为客户创造的价值就会越大。如果企业让顾客付出的总成本越高，就必须让顾客对产品或服务的总体认知越好。比如星级酒店，顾客付出高价格入住，是基于酒店服务的良好认知：店富丽堂皇的装修、优美的物品陈设、宽大的席梦思床垫、一呼即应的服务、精美的餐饮等。如果去住快捷酒店，就不会有五星级酒店的环境和服务，当然顾客也不必为之付出高价格。

客户价值创造与产品功能无关，也与价格无关。客户的认知价值是对产品或服务的认知集合与付出的总成本的比值。也就是说，客户价值就是客户从某种产品或服务中所能获得的总利益与在购买和拥有时所付出的总代价的比值，也即顾客从企业为其提供的产品和服务中所得到的满足。

客户价值不是一句广告语的传播，也不是简单的听到或看到，而是必须要实实在在地让顾客感知到它的存在。迈克尔·兰宁在《传递利益价值》一书中明确提出：企业必须开发一种具有竞争力的卓越价值计划和卓越价值传递系统。客户在购买产品或服务的过程中是一个双向信息传递与交流的过程，客户提出了需求，企业就要根据客户的需求信息做出及时反馈，以价值的形

$$Vc=\frac{Cc}{Fc}$$

（Vc——客户价值；Cc——客户感知利益；Fc——客户感知成本）

式让客户感知。

$$\text{客户价值（Vc）} = \frac{\text{功能利益} + \text{情感利益（Cc）}}{\text{金钱成本} + \text{时间成本} + \text{精力成本} + \text{体力成本（Fc）}}$$

↓

客户价值的增值方法：

✓增加利益（Cc）

✓降低成本（Fc）

✓增加利益（Cc）的同时降低成本（Fc）

✓利益（Cc）增加幅度比成本（Fc）增加幅度大

✓成本（Fc）降低幅度要比利益（Cc）降低幅度大

二、客户价值是一个相对值

客户价值是一个相对的概念，企业在营销过程中为顾客创造价值的大小是与竞争企业对比得来的。竞争的过程就是为顾客创造价值的过程，谁能够为顾客带来超越竞争对手的价值谁就能够胜出。顾客价值没有“最大”和“最小”之分，只有“相对的好”和“相对的差”。用澳柯玛一句流传至今的广告语来形容顾客价值最恰当不过——没有最好，只有更好。

除此之外，企业获得客户忠诚的做法还有创造独特的客户价值。也就是说，企业与竞争对手相比，给客户创造的是独一无二的价值，是其他竞争对手不能带来的。独特客户价值的创造有两种情况：

一是没有竞争对手存在的情况，只要是能满足客户需求的产品和服务，都可以创造价值。物质匮乏的时代，竞争对手较少，企业只要能提供客户需求的产品，就算是创造了价值。随着经济的发展，竞争对手越来越多，满足客户需求、创造客户价值的方式越来越困难。但在特定的市场和渠道内，没有竞争对手存在，因而没有对比，但凡能满足客户需求就可以称之创造了独特的价值。比如火车上，乘客饥饿难耐时，只能购买火车餐厅提供的食物。虽然火车上的餐饮价格较高，但相对于乘客的饥饿需求来讲，火车上提供餐饮服务的这种方式就是为客户创造了独特的价值。当然，火车上食物的价格如果高得离谱，乘客便会自带食品上车，火车餐厅同样存在竞争。

二是存在竞争对手，但是企业创造出了竞争对手所没有的产品或服务。比如有汽车服务公司最早研制出了导航仪，产品一经推出就迅速满足了汽车驾驶者的需求。这家汽车服务公司满足了客户在其他汽车服务公司无法满足的需求，为客户创造了独特的价值。

三、客户价值提升的六个维度

因为竞争的存在，技术才会进步、产品才会更新、服务才会提升，顾客才能得到更多的价值回馈。

正是因为竞争，我们的生活才会变得更加美好。也正是因为竞争的存在，企业的市场营销才变得更加复杂、企业的战略发展才变得不可预测。

企业想要超越竞争对手，获得更多的忠实顾客，就必须提供价值，同质化的竞争毫无意义。

提升客户价值有六个维度：一是帮你的客户省钱，二是帮你的客户省时，三是帮你的客户省心，四是帮你的客户省力，五是让你的客户心情愉悦，六是为你的客户提供额外的价值。

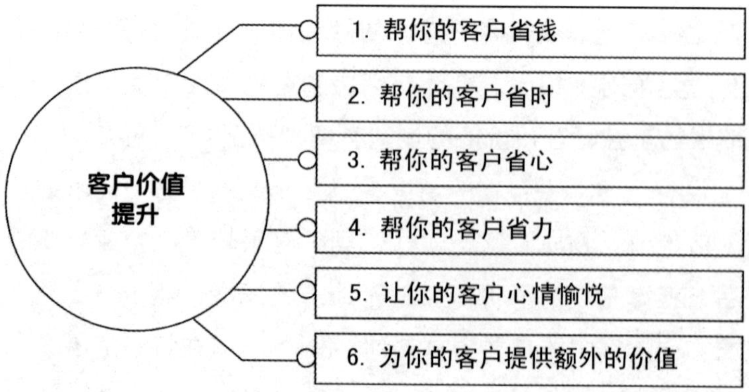

四、客户价值分析

客户对产品或服务的总体认知效果越好，付出的总成本越低，企业为客户创造的价值就会越大；如果企业让客户付出的总成本越高，就必须让客户对产品或服务的总体认知越好。比如，星级酒店，客户支付高价格入住，是基于对酒店服务的良好认知：富丽堂皇的装修、优美的物品陈设、宽大的席梦思床垫、一呼即应的服务、精美的餐饮等。如果去住快捷酒店，就不会有五星级酒店的环境和服务，当然客户也不必为之付出高价格。快捷酒店里简单的陈设、干净的环境以及免费的上网服务同样满足了部分商旅人群的需求。所以说，对于不同的目标顾客而言，快捷酒店创造的价值未必会比五星级酒店创造的价值低，这就是近几年快捷酒店如雨后春笋般涌现出来与星级酒店争抢市场的原因。

在如家酒店出现之前，一些顾客特别是中小企业商务人群以及家庭旅游休闲人群外出时，很难找到合适的宾馆入住。高档的五星级酒店干净、豪华，但是服务过度，住一晚就必须付出高昂的费用，即使服务一个都用不到，也必须为之付出代价。很多二、三星级酒店，虽然降低了价格，但不安全也不卫生。对于那些中小企业商务人群以及家庭旅游休闲人群来讲，环境好的宾馆不经济，经济实惠的宾馆环境又差。

中小企业的蓬勃发展使如家酒店看到了广大市场——这部分人由于企业预算的约束，偏好经济的价位，但同时也要求方便卫生的住宿及周到的服务。并且随着国内自助游和休闲市场的升温而日益庞大的休闲游客群也有着同样的需求。对这些目标顾客，他们的深层需求其实就是需要一个卫生的环境、一张温馨的床和一根网线，也就是“二星级的价格，三星级的棉被，四星级的床”。如家酒店完全剔除了星级酒店的那些过度的服务（豪华装饰、房间设施、娱乐 KTV、门童以及过多的服务员，甚至连拖鞋都用薄如蝉翼的那种），只将目标顾客最关心的舒适的睡眠、经济的价格和方便的地理位置这些因素充分满足。

为了推行“适度生活、自然自在”的品牌理念，如家酒店在房间细节上下了很多功夫，如将客房墙面以淡粉色、淡黄色为主色调，搭配碎花床单、枕套，摆设简洁精致的现代家具，用可折叠的行李架以节省空间，淋浴隔间使用推拉门而不是简陋的塑料布，在卫生间配备两种颜色的毛巾、牙具，避免两位客人入住时搞混的问题。

为服务目标顾客，如家酒店一般选址于经贸、旅游比较发达的城市，而在城市中的选址又讲究交通的便利性，如靠近地铁站、公交车站的商务、贸易、居住区以及成本相对较低的商圈边缘等，为客人出门办事提供方便。

星级酒店追求豪华宽阔的大堂，如家酒店只要求整洁舒适；星级酒店用中央空调，如家酒店夏天用分体式空调，冬天使用暖气；星级酒店将餐厅作为主要的收入来源，如家酒店则大大简化餐厅面积，只占地 50 ~ 100 平方米，且不对外服务，把更多的空间变成客房；星级酒店的客房员工比是

1 ∶ 1 ~ 1 ∶ 2，如家酒店因舍弃了多余的服务设施和管理人员，一般每 100 间客房配备 30 ~ 35 名员工。

化繁为简、重点突出的删减服务策略给如家酒店带来了很大的成本优势——每个房间的投资基本上控制在 5 万元左右（不包括租金），人工成本也比同行业节约了 60% ~ 80%。

如家酒店虽然服务不如五星级酒店，但并不妨碍它以顾客价值创造为导向，它会别具匠心地提供书刊阅读、宽带上网，并同一些互补性产品的知名品牌进行“异业联盟”，方便商务人士的商旅生活，如受顾客欢迎的租车服务便是一例。

企业竞争的本质是为客户创造更优价值，而不是比竞争对手做得更好。如果仅仅盯着竞争对手，忽视客户的精准需求，你的企业一定不会胜出。

有一家日本家庭用品公司想要开发咖啡壶市场。这家企业做了市场调研，发现竞争对手的咖啡壶在 10 分钟内就可以煮好咖啡。当调研客户是希望拥有“10 分钟”煮好还是“7 分钟”煮好的咖啡壶时，答案均偏向于“7 分钟”。因此，这家企业要求工程师设计一款在 7 分钟便可煮好的咖啡壶。结果这款产品失败了，因为这种比竞争对手“快 3 分钟”的价值客户并不需要，客户需要的是“味道更好的咖啡”，而不是“更节省时间的咖啡壶”。假如你的主要着眼点是在竞争上，总是想在游戏规则内击败对手，便没办法退一步去问问“客户固有的需求和产品的本质到底为何”等问题。

假如企业的目标是想为客户提供更好的服务，那么首先一定要了解为什么客户要喝咖啡。在这之后，你才有办法为他们设计出合乎需求的咖啡壶。与其做个 1000 人的问卷调查，不如深刻洞察每位客户的精准需求，这样才能知道他们真正想要的是什么。

很多企业总是想在游戏规则内击败对

手，这是错误的。我们应该跳出竞争误区，围绕客户未被满足的精准需求去创造独特的价值，而不是比竞争对手做得更快、效率更高。

【竞争的本质】

为了实现最优客户价值！

案例分析：

海底捞——火锅店卖的是服务

海底捞以经营川味火锅为主，目前在全国15个城市拥有80余家直营店、4个大型现代化物流配送基地、1个原料生产基地，现拥有员工15000多人，多次获得“年度餐饮百强企业”，2014年公司全年营业额高达40亿元人民币。

2004年2月，海底捞进驻北京。在当时几千家火锅店的竞争中，海底捞根本没有引起业界的注意，人们对不知死活的新进入者已经司空见惯。可没过多久，同行们发现这家火锅店的门外，三伏天竟然还有食客排长队！北京的三伏天温度经常高达30多度，这是火锅生意最淡的季节，很多火锅店这时要么提供别的菜式，要么让部分员工回家休假。可是这家店居然在这种季节，还会不断地“翻台”！海底捞提供的餐饮相比竞争对手并没有太大区别，为什么却受到顾客的如此热捧？

海底捞虽然是一家火锅店，但它的核心业务却不是餐饮而是服务。2006年6月，管理着肯德基和必胜客的百胜餐饮集团的200名区域经理召开年会，地点选在了海底捞。这些人与其他前来吃饭的人目的不同，他们对于海底捞的服务的兴趣远远大于吃饭，他们的目的就是参观和学习。

按照海底捞餐饮有限责任公司董事长张勇的话说，“这简直是大象向蚂蚁学习”。这个比喻不无道理，饭桌前的每个百胜区域经理手中都有至少36家门店，而当时海底捞全国的门店数加在一起还不到20家。次日，在百盛中国年会上，应邀作为演讲嘉宾的张勇就如何提升员工热情被“新学生”们追问了整整3个小时。

有很多火锅店干脆派卧底到海底捞做服务员，甚至北京很多火锅店的老板几乎都去海底捞吃过饭，可是仍然没有学会海底捞的服务精髓。

要想在海底捞吃一顿晚饭，通常得提前订座，如果你需要包间，那么订座的时间还得要提前 1 天。

是什么造就了海底捞如此大的魅力？是服务过程中带来的感动。

每一家海底捞门店都有专门的泊车服务生，主动代客泊车，停放妥当后将钥匙交还给客人，等到客人结账时，泊车服务生还会主动询问是否需要帮忙提车，如果客人需要，立即提车到店门前，客人只需要在店前稍作等待即可。如果你选择在周一到周五中午去用餐的话，海底捞还会提供免费擦车服务。按照一些顾客的话说，就是泊车小弟完全不以车型来决定笑容的真诚，笑容很温暖。

如果没有事先预订，在海底捞你很可能会面临漫长的排队等待，不过过程也许不像你想象得那么糟糕，晚饭时间，北京任何一家海底捞的等候区里都可以看到如下的景象：大屏幕上不断打出最新的座位信息；几十位排号的顾客吃着水果、喝着饮料；很多顾客享受着店内提供的免费上网、擦皮鞋和美甲服务；如果是一群朋友在等待，服务员还会拿出扑克牌和跳棋供你打发时间，减轻等待的焦躁感。

大堂里，女服务员会为长发的女士扎起头发，并提供小发夹夹住前面的刘海，防止头发垂到食物里；戴眼镜的朋友可以得到擦镜布；放在桌上的手机会被小塑料袋装起以防油腻；每隔 15 分钟，就会有服务员主动更换你的热毛巾；如果你带了小孩儿，服务员还会帮你喂孩子吃饭，陪你的孩子在儿童天地做游戏；帮老人找座位，扶老人上厕所等。

入座后，服务员笑容可掬地发放毛巾后，微笑着帮你点菜，还不时地给你提供建议，点的太多，服务员会提醒你少点点儿，别浪费。

抻面是很多海底捞老顾客必点的食物，有的顾客不为了吃，就为了看。年轻的师傅会把 4 元一根的抻面舞得像艺术体操的缎带，还不时抛向某个客人，表演欲极强。

餐后，服务员马上送上口香糖，一路遇到的所有服务员都会向你微笑道别。

10个人去吃饭点一份只有8个的撒尿牛丸，服务员会立即告诉厨房再加两个，却不另外收钱。这件事如果在其他火锅店，服务员肯定会告诉你再多点一份。

一个流传甚广的故事是，一个顾客结完账，临走时随口问了一句："有冰激凌送吗？"服务员回答："请你们等一下。"5分钟后，这个服务员拿着"可爱多"气喘吁吁地跑回来："小姐，你们的冰激凌，让你们久等了，这是刚从超市买来的。"

总之，无论是你想到的还是没想到的，海底捞全都帮你想到了。

海底捞每个店的员工都属于超饱和状态，一方面为了及时服务，另一方面也为了开新店储备人才。

海底捞从来不考核利润，只考核顾客对员工的满意度。

张勇说："考核利润没用，利润只是做事的结果，事做不好，利润不可能高；事做好了，顾客满意了利润不可能低。另外，利润是很多部门工作的综合结果，每个部门的作用不一样，很难合理地分清楚。不仅如此，利润还有偶然因素，比如一个店如果选址不好，不论店长和员工怎么努力，也做不过一个管理一般、位置好的店。可是店长和员工对选址根本没有发言权，你硬要考核分店的利润，不仅不科学也不合理。"

海底捞的企业价值观是：用双手改变命运、用成功证明价值、靠奋斗走向卓越。服务理念是：顾客至上、三心服务（贴心、温馨、舒心）。这不是海底捞的口号，而是海底捞营销过程中的行为总结。可现在又有多少公司的价值观和服务理念仅仅只是挂在墙上的一句口号而已呢？甚至以服务为核心的一些五星级酒店都难以望其项背。

海底捞将服务做到了极致

折叠一个千纸鹤可抵5毛钱的价值，顾客不是为了便宜来吃火锅，但要给顾客有占便宜的感觉。同时碎片化顾客的等待时间，让顾客忘记等待，并价值化了顾客的等待时间。

表 2-2 海底捞服务的标准化

序号	服务项目	服务内容
1	七句用语	请、谢谢、对不起、您好、再见、没关系、欢迎光临
2	服务标准	①五声四勤。五声：欢迎声、回答声、谢谢声、抱歉声、欢送声。四勤：眼勤、嘴勤、手勤、腿勤 ②欢迎顾客要目光注视对方，让顾客感受到充满热情的笑容 ③员工以友善的话语表示欢迎，不要使用重复的机械式问候语
3	服务心态	做事开朗，激情活力，乐观大方，不拘谨忸怩，表里如一，胸怀坦然，进取上进，不带情绪，遇事冷静，百问不厌
4	基础服务	保证顾客满意的情况下认真服务，争取做到操作流程不疏漏
5	常规服务	①发毛巾。发毛巾时热情大方，有热毛巾和冰毛巾供顾客选择；顾客到桌后两分钟内递给毛巾，并称呼先生或女士，发毛巾分清主次，动作规范；每桌每位顾客换毛巾的次数不低于 4 次，顾客无特殊需求不得高于 6 次，无需要不必勉强 ②保洁员欢迎顾客时要目光直视对方，要以友善的话语表示欢迎，如您好、小心路滑，要让顾客感受到热情 ③送柠檬水、汤、豆浆的人员要保证柠檬水的卫生质量，汤、豆浆的温度在 80 度 ④随时供应以上饮料，确保顾客区域随时到位，无短缺
6	超值项目	免费供应西瓜、哈密瓜、炸虾片、炒青豆、情人果等零食；提供扑克、象棋、围棋等游戏用品；免费提供擦鞋、美甲、上网服务；递送围巾、手提袋以及皮筋等
7	重点服务	对待老人、小孩、残疾人应该做到特别服务

案例分析：

西南航空——“公交车”航空

美国西南航空以“廉价航空公司”闻名，是民航业“廉价航空公司”经营模式的鼻祖。有人形容它像是公交车公司，而不是航空公司。

西南航空的飞机座位倾斜度小、皮椅少，不提供托运，不用机票，不打印登机牌，也不给你安排座位，你想要什么座位得赶紧跑，跑得慢连座位都没有，体重超重的旅客在乘机时还必须多购买一个座位，飞机上不提供任何食品，肚子饿了需要吃饭得自己提前准备，更不给机票代理商和旅行社一分钱的代理佣金。

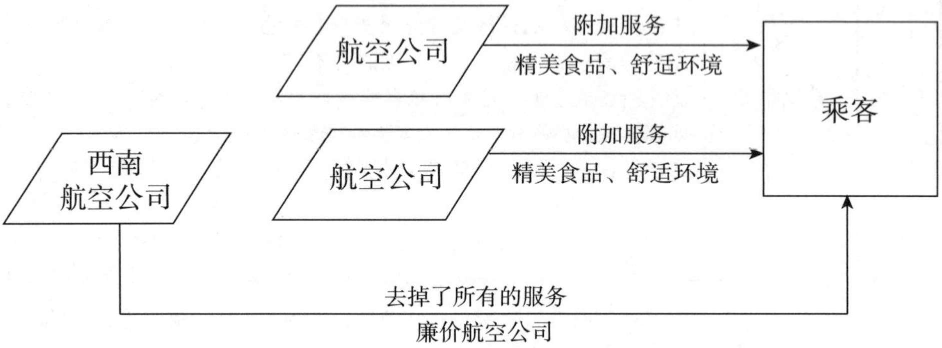

图 2-5　西南航空的经营模式

西南航空采用明确的市场定位——只开设短途的点对点的航线。时间短、班次密集。一般情况下，如果旅客错过了西南航空的某一趟班机，完全可以在一个小时后乘坐西南航空的下一趟班机。

这样高频率的飞行班次不仅方便了那些每天都要穿行于美国各大城市的上班族，更重要的是，在此基础上的单位成本的降低才是西南航空所要追求的。为了节约时间，西南航空的机票不用对号入座，乘客们像在公共汽车上那样就近坐下。

和许多竞争对手不同，西南航空并不收取任何改签费，也没有周末必须停留一晚的规定。目前，公司一共在32个机场运营，每日提供的航班量超过3000班。通过和ATA航空公司之间的代码共享，公司能提供更好的联程服务。

即使如此“抠门儿”，美国西南航空公司的飞机维护和飞行操作标准却超过了美国联邦航空管理局的要求，其安全纪录相当好。

美国西南航空公司为旅客提供他们所希望的服务需求，如低票价、可靠安全、高频度和顺便的航班、舒适的客舱、旅行经历、一流的常旅客项目、顺利的候机楼登机流程。无服务、高效率也就意味着低票价，这就满足了顾客只需要付出低成本就能及时到达的便利航班需求，成为真正意义上城际间快捷而舒适的“空中巴士”，让更多的人有乘飞机旅行的机会。

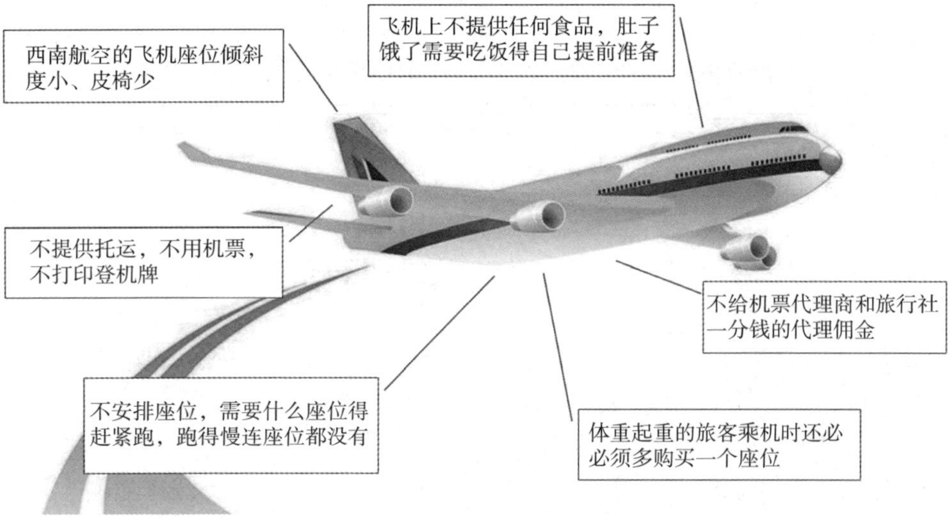

图2-6 “抠门儿”的航空公司

深度思考：企业成功的关键要素分析

序号	问 题	思考答案
1	客户未被满足的精准需求是什么？（写出3~5个）	
2	分析企业所在的产业链？（画出上游客户、下游客户及其逻辑关系图）	
3	你企业创新的关键要素有哪些？（写出3~5个）	
4	如何重构企业的经营逻辑？（画出简要逻辑图）	

第三章

互联网时代的创新之道

第一节 企业创新的三个层次

一、互联网时代的企业创新之道

过去企业的竞争基于一切信息不对称下的企业优势资源的掌控，控制渠道的流通、控制信息的传播、控制消费者的认知。如今，这种竞争优势在互联网让世界扁平化的过程中，越发显得弱化甚至消失。这个时候，企业的竞争优势，实际上已经从专注于内部产品的生产制造，开始向外转移至对目标客户的数据分析与精准服务，以及对整个产业生态系统的构建与合作上。

无论任何时代，企业创新的内涵依旧是企业的技术和产品。但是，进入互联网时代，牵动竞争创新的引擎不再专属于技术和产品，而是趋向于整体竞争系统的构建。

在互联网时代，企业要想存活，其创新能力不仅仅体现在产品和技术的竞争力，还体现在更好地建立和维系与客户的互动关系的能力，更好地为行业合作伙伴带来商机和共赢价值的能力。

互联网时代，企业的创新分为三个层次：

第一个层次是微创新。微创新停留在技术、产品层面，这个层面的竞争过度，企业凭借微创新胜出的可能性很小。

第二个层次是蓝海式创新。蓝海式创新属于市场、营销层面，这个层面竞争激烈，如果努力寻找市场空间，会有一定的机会。

第三个层次是颠覆式创新。颠覆式创新属于商业模式、顶层战略层面，这个层面需要的资源和要素非常复杂，操作难度大，但胜出的可能性也很大。

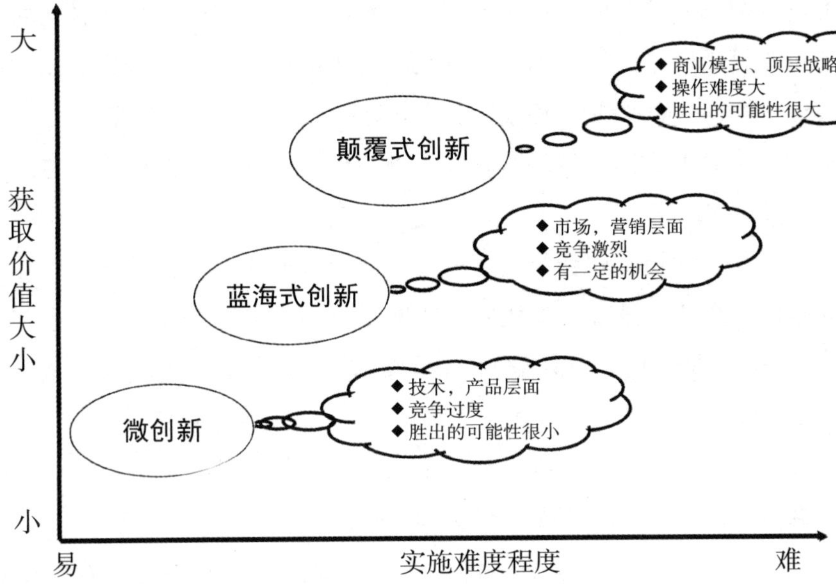

图 3-1　企业创新层次分析

二、商业模式颠覆式创新

互联网、科技及信息的广泛运用以及资本的大力推动，使得产品更新的速度加快，获得资源更便捷，整合能力更强，但企业的生命周期也更短。

企业创新颠覆了过去所有的传统方式，很多颠覆式创新的企业根本没有把传统的产品当作竞争对手，并不会遵循传统的竞争规则，它们不会针对高端的顾客群提供高档的产品或服务，

也不会为精打细算的顾客创造功能多样且成熟的产品，这些通过互联网颠覆式创新的企业只是通过更先进的载体找到全新的市场，并且以最快的速度抓住大量的粉丝顾客，而那些传统的企业只是受到了“无辜”的伤害。

因此，很多企业反馈，互联网时代对商业模式的创新和战略转型的理解突然间都变成错误的了。

更可怕的是，颠覆式创新的企业成功的速度也前所未有，只要它们冲击市场，其他传统企业就没有时间从战略角度做出回应。过去，一家企业创新要花上 5 ~ 10 年的时间来获得成功，并且技术和产品都是他们构建的壁垒。而今天，企业创新需要花费的时间大幅减少，成功的速度也始料未及。

在互联网时代，很多创新都是从外部进入，比如移动终端下载一个 App 就颠覆了出租车行业，来自互联网的金融颠覆了传统的银行行业等。

商业管理界公认的“竞争战略之父”、哈佛大学商学院著名教授麦克尔·波特提出了著名的战略理论：总成本领先战略、差异化战略、目标集聚战略。他认为企业只要采取三种战略中的一种就可以成为同行业中的佼佼者。而事实是，在互联网时代的颠覆式创新企业，以上三种都能做到，且可以使产品价格更低、品质更好、服务更优。

比如谷歌地图颠覆了导航仪市场，不需要消费者花一分钱，便可享受更便捷的导航服务。又如通过智能手机我们就可以选择一家味道不错的餐厅，

表 3–1　颠覆式创新与传统创新的区别

	颠覆式创新	传统创新
顶层设计	可同时做到总成本领先战略、差异化战略、目标集聚战略，使产品价格更低、品质更好、服务更优、并且胜出速度更快	只能关注某一个战略，不能同时做到价值更低、品质更好、服务更优、花费时间较长
市场营销	针对所有目标人群展开抢夺，瞬间完成市场占领，并跨界延伸到任何你想不到的市场	针对某一目标客户，建立样板市场，然后复制
创新原则	构建开放平台，低成本甚至免费	通过资源融合的方式和内部创新

避免了之前通过需要花费金钱和时间试吃才能得到的结果，因为互联网可以把所有之前在这家餐馆吃过的食客的反馈及时告知你，你可以随时查阅到食客们的消费意见。餐馆自己并没有去控制颠覆，颠覆来自外部。

《大爆炸式创新》中描述了新一轮的创新潮流的特点，可以用“三大要素”和“六大范式”来解读。

1. 三大要素

（1）充足的科技研发储备。

（2）对市场有深刻理解的创业者将科技产品化、全球化与社会化的生产。

（3）市场营销推广能力。

2. 六大范式

（1）创新的核心是应用而不是基础研发。比如 iPhone，涉及的很多基础研发并不是苹果公司做的，苹果公司只是基础研发的使用者，但是它更了解用户的需求所在，在利用最先进的科技支持方面，它是运用得最好的。

（2）群体加速的创新。创新不再是以一个人或一个集团为核心来完成全部的工作，而是互相配合、相互加速。创新的生态环境是开放式的网络结构。像手机行业的发展，不光是 iPhone 促进了行业的发展，包括三星、小米等公司也是这样，大家一起加速了行业创新。

（3）创新以小单位的外部合作为基础。创新不再像以前一样在一个大公司里实现，而是通过产业链协调来实现，其中的规律是：很多机构之间呈松耦合的关系，但他们之间的合作是紧耦合的状态，利用网上合作平台实现像一个大集体一样的紧密合作。国外的一些软件公司就致力于帮助小公司之间达成协作，使小公司强强联手完成复杂的创新活动。

（4）创新主体之间有完善的分工协调。企业协作分工就像大脑，其中的各个部分有清晰的分工，合在一起通过协调完成整体的工作。这要求每家小机构都有其独特的创新之处，比如甲是产品研发专家，乙是原型设计专家，丙是生产集成效率专家……所有的这些小机构在一起合作就可以产生一个特别好的、以前只能在大公司产生出的革命性创新产品。

（5）消费者与研发、生产、渠道是混合的。在新的创新模式中，生产产品不光是生产者的事情，消费者的消费意见也参与了进来，一个消费意见往往会使生产与产品有很大的改进，消费者与生产者不再是对立的，而是合在一起相互协调的。

（6）从产业链的关键环节到产业网的核心节点。以前做产业，一定要讲产业链控制，比如谷歌、微软，强调要把核心环节控制住。现在是网络型的创新，它的关键从对产业链的核心环节控制转变为对创新核心节点的控制。国际最新的学术观点认为，创新的核心是博采众长，因此，谁是创新网络的核心节点，谁就能借鉴各家所长，不断有创意出来。要在社会化创新中取得优势，就要靠近核心节点。你离核心节点越近，离创新就越近，你的未来就越辉煌。

当然，这个远近与之前有本质的区别，之前的远近是指物理的距离。大家都知道，硅谷是创业的乐园，那里的思想更激荡，那里有更多的创新节点，有了互联网以后可以打破物理距离的藩篱，你可以在中国直接与美国合作，只要你离它的核心创新节点越近，身在哪里，都一样可以参与到世界创新的核心中来。

马云的阿里巴巴、扎克伯格的 Facebook、佩奇和布林的谷歌、比尔·盖茨的微软、乔布斯的苹果、贝索斯的亚马孙、马斯克的特斯拉、马化腾的腾讯、李彦宏的百度、雷军的小米等，这些企业都代表了一轮新的创新潮流。

10 年前，笔记本只不过是记录本；7 年前，苹果只不过是水果；3 年前，小米只不过是粮食。而今天，它们都成了颠覆式创新的代表。

三、中国企业缺乏创新的原因

谈到创新，大家并不陌生，笔者给企业做咨询服务的过程中接触的大部分的管理者，都把创新作为企业文化的一部分，嘴里说的、墙上挂的、文件里写的，都是关于创新的论调。但是却少有人真正把创新落在市场开拓上、落在商业模式创新上、落在产品开发以及服务形式上。

中国企业缺乏创新精神有以下三大主要原因：

（1）创新动力不足。中国市场空间巨大，过去人们需求变化小、变化慢，企业一款产品便可打天下，这款产品可以长时间地满足消费者从年轻到老年的需求。再加上传统的工业时代，企业讲究规模生产、大批销售、重金传播，企业和商家合起伙来“忽悠”消费者，买的没有卖的精，消费者敢怒无处怒、敢言无处言。

可随着商业化进程的加速，时至今日，市场过度竞争，产品严重过剩，消费者需求被过度满足，加之以互联网为基础的电子商务和各种社区消费平台，让消费者转换商家成本极低，仅仅是换个门店或者鼠标一动就可以办到。这就使得商家和用户身份有了转变，消费者拥有了话语权。用户思维也成了互联网时代最重要的思维，企业必须以更加物美价廉的产品、更加方便快捷的渠道、更加优质贴心的服务方式来满足用户的需求。

（2）创新体制不健全。创新是一个模糊混乱的过程，难以衡量，难以管理。只有在创新能帮助企业快速实现增长时，大多数人才会承认创新以及带动大家创新的领导者。但是由于创新体制的不健全，大多数企业真正关心的是眼前的企业利益，而不去关心此时的创新是否能够给企业带来未来引领市场的机会，这就让原本缺乏创新精神中的少量想要创新的人得不到应有的创新鼓励和资源，最终失去创新动力。

（3）对创新的误解。中国的企业家们普遍对创新有很浓

烈的敌视心理。一是不喜欢特立独行的人，认为一心想着创新，想着颠覆的人是不靠谱，不能委以重任的；二是认为创新一定要具有非凡的智慧、巨大的投资，耗费大量的人力与资源，并用“高大上”的尖端技术，以此引发市场革命，才能对现有市场带来颠覆性的效果。比如像苹果推出 iPhone 才算创新，BAT 在互联网方面的成绩才算创新等。但事实并非如此，创新也不是如此定义的，并不一定需要积攒了足够大的力量引发一次性的颠覆，只要是基于消费者的需求，哪怕是一点点小的改变也是创新，也能带来意想不到的效果。iPhone 一定不是一次成型，推向市场一下子就变成“街机”的，它也需要千百次的微小改变、持续改进才获得了今天的成绩。

所以，没有创新的动力、缺失创新的体制以及对创新的误解，造成了传统企业在竞争残酷的市场面前显得力不从心、不知所措，只能在危机重重的商业洪流中随波逐流。

四、传统企业“互联网 +”的改造流程

不管你愿不愿意接受，互联网就在你身边。不管你想不想融合，互联网就在你周围。所有企业的焦虑和创业者的疯狂，都因为它——互联网。

因为如此，太多的文章和书籍把互联网给“妖魔化”和“歪曲化”了，因为它看不到也摸不着。所以很多人认为“淘宝店”“微商”“App”就是“互联网 +”。其实，到目前为止没有人能给“互联网 +”下一个真正的定义。

徐小平说，如果你问我传统企业如何做互联网加法，我的答案是“不要‘+互联网’，而要被‘互联网 +’”。他认为，传统企业要向互联网转型是非常艰难的，但如果他们能够开放心态，大胆并大方地启用互联网人才，让互联网来“+”你和你的企业，当互联网如水流般渗透进“传统”的每个角落，成为领导转型的主体时，所谓的互联网转型必然发生，成功的概率将大大增加。

德国拥有完全与中国不同的创新意识和互联网精神，它更接地气、更注重于与传统产业的结合。这与中国互联网精英们的思路迥然不同。国内创业者更关注的是入口、转化率、流量导入等。传统工业系统支配下的德

国社会已经达成共识——真正的互联网精神，不应该是IT和互联网界人士强加给社会普通人士的投机诱饵，而应该是互联网工具化后的全景渗透和数字经济引导。

德国互联网精神的内涵，不是实体经济要互联网化，而是互联网必须深入实体经济内部——服务传统、服务用户。当然，这个共识还有个传播度更高的名字：工业4.0。在中国，它的内涵延展至各个传统领域，被称作“互联网+”。

传统企业与互联网结合，提升运营效率是第一步，重点是在供需双方都产生增量之后，企业必须建立新的经营形态。笔者认为传统企业进行“互联网+”必须经过以下流程的改造：

（1）创新商业模式，建立新的经营逻辑。首先改变企业传统的经营形态，以创新的思维改造企业的传统经营模式，将原来传统行业链条的利益分配模式打破，重建新的经营逻辑。

（2）重塑产业价值链，提升运营效率。将原有的价值链，以互联网的思维重新打破，打通信息壁垒，减少中间环节，减少不必要的损耗，对传统产业的核心要素重新再分配，重构生产关系，以此来提升整个价值链或整个平台运营的高效性。

（3）改造生产流程，打造智能制造形态 。个性化、定制化是“互联网+”生产产品的主要方向，利用物联信息系统(Cyber—Physical System，CPS)将生产中的供应、制造、销售信息数据化、智慧化，最后达到快速、有效、个性化的产品供应，工业4.0实现的不是“B2C”而是“C2B”，用户需要什么样的产品、最青睐什么增值服务、希望获取什么数据支持，企业就提供什么。

（4）升级供应链，促进产业协同。协助企业突破传统内部边界制约，将企业范围延伸、扩展、连接形成供应链网络，构建起与上下游业务伙伴协同供应链。

（5）管理体系变革，平台化沟通。打破传统的层级管理，构建高效的信息传递管理系统。在公司平台上，活跃着无数团队，团队之间是平行关系，它们可以轻松将产品进行模块化分解，每个团队认领一个或几个自己擅长的模块进行生产、组装。先化整为零，再化零为整。

（6）运用大数据，数据价值化。将日常经营数据进行收集和分析，依托外部机构构建数据储存和分析平台，实现数据的有效利用。量化决策、需求驱动、精准营销、高效协作，并利用数据进行便捷的信用融资。

（7）技术驱动，提升竞争实力。技术是这个时代进步的原动力，除了利用互联网的便捷和高效，企业更应该容纳新的技术来提升自身竞争实力。

（8）走向物联网，一切智能化。物联网是互联网的延伸，它包括互联网及互联网上所有的资源，兼容互联网所有的应用。把传感器、控制器、机器、人员和物等通过新的方式联在一起，形成人与物、物与物相连，实现信息化、远程管理控制和智能化的网络。

图 3-2　传统企业进行“互联网＋”必须经过的流程

第二节　企业创新与战略重构

一、企业创新解决的是价值创造问题

企业创新的核心是创造价值。

企业创新能力的大小取决于卓越价值的创造能力。管理学大师彼得·德鲁克说：顾客购买和认定的价值并不是产品本身，而是效用，也就是产品和服务为他们带来了什么。追求传统产品基本功能需求的时代已经结束，取代它的将是客户深层次需求的满足、为客户创造价值，这就是新环境下企业经营的本质。

企业创新解决的是价值创造问题，一个企业首先要选择为谁创造价值、创造什么样的价值。因此，企业需要准确清晰地定位其目标客户群体，了解客户亟须完成的任务或者最为强烈的需求（即所谓的“痛点”），并提供相应的解决方案。其次，企业要通过一系列的资源配置和活动安排来创造和交付价值。这包括构建和管理自己与生态系统内其他成员的关系。最后，企业必须有清晰明确、可以持续的赢利模式。盈利模式能够保证企业在整个价值创造过程中收获属于自己的经济价值。

二、战略重构的目的是形成新的经营形态

企业战略重构的过程就是商业模式创新的过程，其目的就是使企业的发展方向、运营模式及其相应的组织方式、资源配置方式发生整体性转变，构建全新的经营逻辑，改变传统的经营形态，这是企业重新塑造竞争优势、提升价值创造能力，达到新的企业经营形态的过程。

战略重构并不是为适应市场的短期竞争而采取的权宜之计，而是一种从战略方向、运营形态到组织管理上的根本性转变，这种重构是建立在企业能够预见未来并能把握未来的发展趋势之上的。企业战略重构的核心是围绕企业如何提升或创新客户价值以重塑企业的竞争优势，企业战略重构是一个价值比较与选择、价值提升与创新的过程。

企业的战略重构是一个系统工程，势必导致企业价值系统的重构，形成新的商业模式，而不是对原有经营形态的简单调整。

互联网时代，大多数传统企业都知道战略必须重构的重要性，但知道如何战略重构的企业却少之又少。战略重构不同于一般的战略规划，一般的战略规划往往以公司现有的资源和能力为基础，而战略重构则需要对公司现有的资源和能力进行破坏性的重构，所以战略重构对企业领导者提出了更高的要求，需要领导者既要保持清醒的头脑、坚定的信念、深刻的危机感和敏锐的洞察力，同时又要善于找寻和把握变革的路径和节奏，善于通过妥协和平衡，避免公司陷入更大的混乱而失去重构的支撑和力量。

所以公司实施战略重构，战略方向固然很重要，但是路径、节奏、手段的把握同样重要，否则就会陷入“不重构等死，重构找死”的尴尬境地。

三、战略重构的时机与企业成长阶段

任何一家企业在发展的过程中，都会遇到战略重构期。战略重构的动因来自外部环境的变化，也来自公司自身成长的需要。当公司的商业模式遇到瓶颈，企业必须对内外条件的变化进行战略重构，选择新的生存与成长模式，推动企业稳步前进。

现实表明，并非所有中小企业都能持续成长为大型企业。导致众多中小企业“夭折”的原因非常复杂，其中之一就是战略重构的失误。

战略转型与重构是一个痛苦的过程，企业转型意味着将要走向一个不确定性很多的未来，竞争对手、用户需求、政府管制都有诸多不确定性，因此风险很大。对于大多数传统企业而言，重构是大势所趋，而选择什么样的重构路径，则是面前的一大难题。

诺基亚最先发明了触屏手机，但却被苹果打败了；数码相机是柯达发明的，但是柯达并没有抢占到数码相机的“风口”，企业目前面临的是“傻瓜

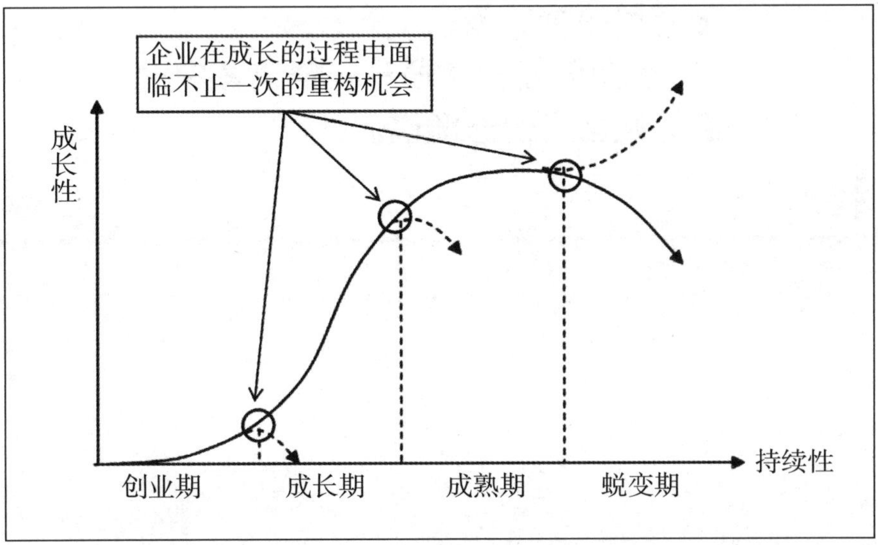

图 3–3　企业的成长阶段

式失败”——的确失败了，但是不知道错在什么地方。很多企业具有丰裕的资金、优秀的品牌、顶尖的技术、广阔的市场、强大的成本控制能力和质量保证能力，但是依然在不知不觉中失败了。

综观巨人们倒下的历史，所犯的基本错误，绝对不是资金、技术、市场的问题，而是思维、模式、组织管理、文化的问题。产业在推进“互联网+”的进步，而很多企业的思维、组织管理依然停留在工业时代。

面对一个新的商业环境的发展变化，企业的战略重构与转型有两种：①被迫重构，当问题集中到不能解决的时候，倒逼机制产生，企业不得不转型，成本很大，失败可能性大；②预见性重构，这要求企业必须具有超强的预见能力，预见性战略重构的企业成功的概率很大。

企业创新的核心——满足客户未被满足的精准需求。

企业创新的本质——创造客户价值，使客户价值增值。

“创新不一定要依赖高深的技术，创新就是看消费者对什么抱怨、对什么挑剔、对什么不满意，而你的公司又能用什么创造性地解决它。”

——詹姆斯·钱皮（美国）

【经营企业的本质】

满足需求，创造价值！

客户未被满足的精准需求在哪里，

企业的市场就在哪里！

要么更方便，

要么更便捷，

要么更优化。

第三节 大数据与企业战略

一、什么是大数据

大数据（Big Data，Mega Data）或称巨量资料，指的是需要新处理模式才能具有更强的决策力、洞察力和流程优化能力的海量、高增长率和多样化的信息资产。

自19世纪以来，因为信息缺乏及信息流通受到限制，社会对数据的运用停留在抽样调查和样本分析层面，调查结果并不精准。随着互联网的发展，很多互联网公司可以获得大量有价值的数据，这开启了大数据模式。大数据时代不再用随机分析方法，而是采用全数据或者所有数据的方法，即样本=总体。

《大数据时代》一书中记载：我们最终的目的不是储存数据，而是以一种前所未有的方式，通过对海量数据进行分析，获得有巨大价值的产品和服务或深刻洞见；大数据是人们获得新的认知、创造新的价值的源泉，大数据还是改变市场、组织结构，以及政府与公民关系的方法。

大数据与云计算密不可分，其战略意义不在于掌握庞大的数据信息，而在于对这些含有意义的数据进行专业化处理。大数据的收集和储存是基础，计算和分析是关键。例如，谷歌利用重复使用搜索关键词来检测流感传播；IBM利用分析模型来确定电动汽车的电池充电的最佳时间和地点；百度利用人们上网浏览的页面和输入信息来推荐广告；去哪儿网利用机票销售数据来预测未来的机票价格等。大数据技术还可以做更深层的预测，例如，MasterCard Advisors收集和分析了210个国家的15亿张信用卡用户的650亿条交易记录，用来预测商业发展和客户的趋势，假如一个人下午四点左右给汽车加油，那接下来的一个小时他很可能去商场购物或餐厅吃饭，而商家正是需要这样的信息来促销它们的产品。

大数据在运用中发挥了巨大的价值潜力，但同时大数据还会带来威胁，它的分析会威胁到人们的隐私，会损害到个人利益。

针对这种威胁，斯坦福大学的两位学生埃文·斯皮格尔（Evan Spiegel）和鲍比·墨菲 (Bobby Murphy) 开发了一款“阅后即焚”的照片分享应用，即“Snapchat”（快照）。利用该应用程序，用户可以拍照、录制视频、添加文字和图画，并将他们发送到自己在该应用上的好友列表中。

Snapchat 最主要的功能是所有照片和用户信息都有一个 1 ~ 10 秒的生命期，用户拍了照片发送给好友后，这些照片会根据用户所预先设定的时间按时自动销毁。而且，如果接收方在此期间试图进行截图的话，用户也将得到通知。

在 2011 年 9 月此应用上线，如今用户每天通过 Snapchat 上传 1.5 亿张照片。2013 年 11 月 13 日，Facebook 向 Snapchat 提出了 30 亿美元的收购要约，此后不久，谷歌提价竞购，出价 40 亿美元，但都被拒绝。2015 年 1 月 3 日，Snapchat 刚刚完成了 4.86 亿美元的融资，跻身美国十大风投交易。

二、大数据与商业应用

《华尔街日报》将大数据时代、智能化生产和无线网络革命称为引领未来繁荣的三大技术变革。麦肯锡公司的报告指出大数据是一种生产资料，而大数据是一个创新、有竞争力、提高生产力的前沿技术。世界经济论坛的报告认定：大数据为新财富，价值堪比石油。

随着全球互联网的快速发展，越来越多的网络用户通过多种终端、多种平台输出数字内容，驱动整个互联网世界迈入“大数据时代”。有资料显示，

1998年全球网民平均每月使用流量1MB（兆字节），2000年是10MB，2003年是100MB，2008年是1GB(1GB等于1024MB)，2014年是10GB。

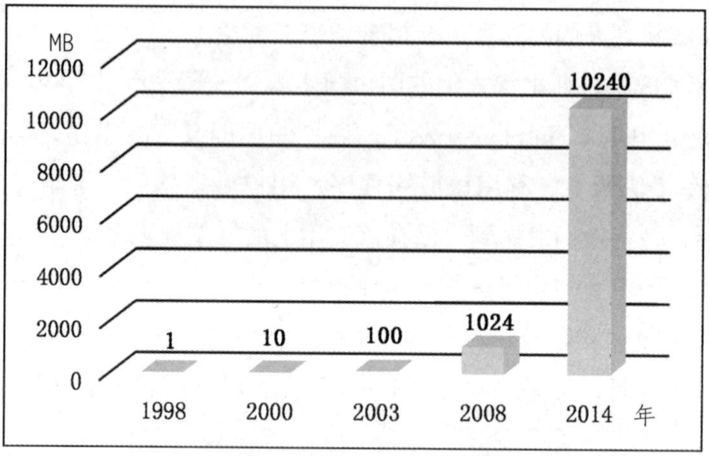

图3-4　1998—2014年全球网民每月使用流量

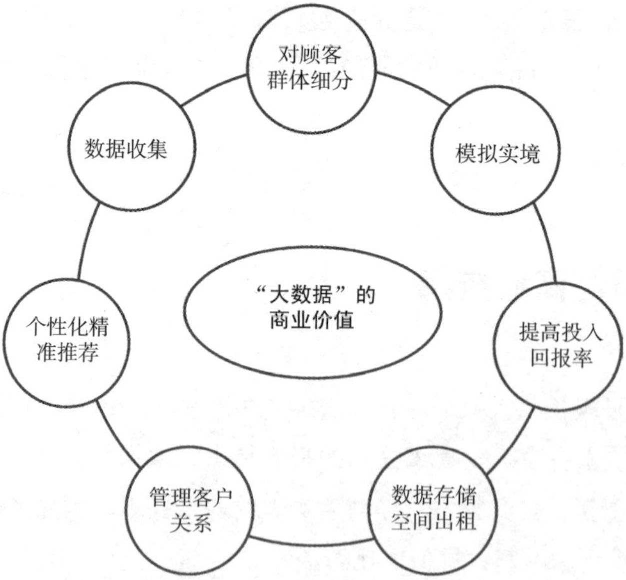

图3-5　大数据的商业价值

三、大数据到底有多大

Facebook 每天更新的照片量达到 1000 万张；YouTube 每月接待访客 8 亿次；微博每天的信息发布量超过 5 亿条；百度每天搜索量在 50 亿 ~ 60 亿次；Google 每天要处理超过 24 拍字节（1 拍字节 =2 的 50 次方字节），每月搜索量为 1000 亿次；到目前为止，世界上储存的数据达到了 1.2 泽字节（1 泽字节大约等于 1 万亿 GB，或者约 2500 亿 DVD ），把这些数据全部记录在书中，这些书可以覆盖美国 52 次，如果将这些数据存储在光盘上，这些光盘堆出来的距离是地球到月球的 5 倍。

人类存储信息量的增长速度比世界经济增长的速度快 4 倍，计算机数据处理能力的增长速度则比世界经济增长的速度快 9 倍。

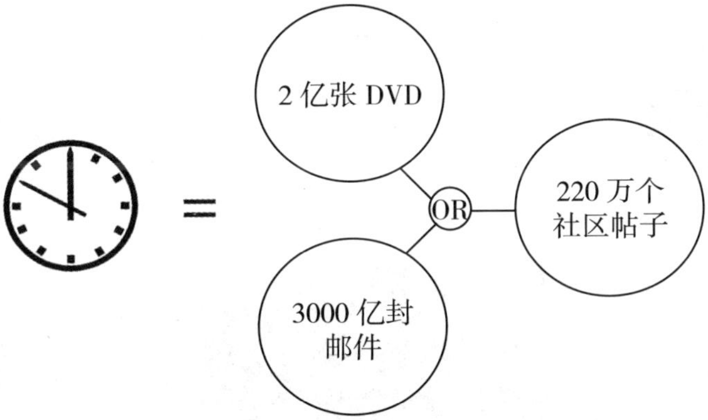

图 3-6　互联网 24 小时产生的数据量

四、大数据时代的商业机会

在庞大的数据背景下，大数据应用的商业机会也非常多：

（1）数据租售服务：服务提供商聚焦某个行业或者领域，将数据集合发送给客户，以销售或者租赁来获取报酬。

（2）数据分析平台：通过弹性租赁的方式为用户提供数据存储、运算、分析为一体的平台服务。

（3）数据分析报告：对通过多种策略获取的大数据集，运用数据统计，数据挖掘等科学方法，对数据的特点、规律、未来变动趋势进行分析与判断，把分析判断结果提供给客户的服务。

（4）决策外包服务：对通过多种渠道获取的大数据集进行分析预测，并基于分析预测结论，为客户提供某些业务流程的决策外包服务。

（5）数据分享平台：平台服务商基于其拥有的数据资产，为用户提供云数据库，数据推送，数据集成服务，同时开放数据接口，提供开发环境，供开发者进行基于数据的应用开发从而获取利润分成。

（6）数据交易平台：平台提供商为数据所有者和需求者提供数据交易、交换的第三方服务平台。

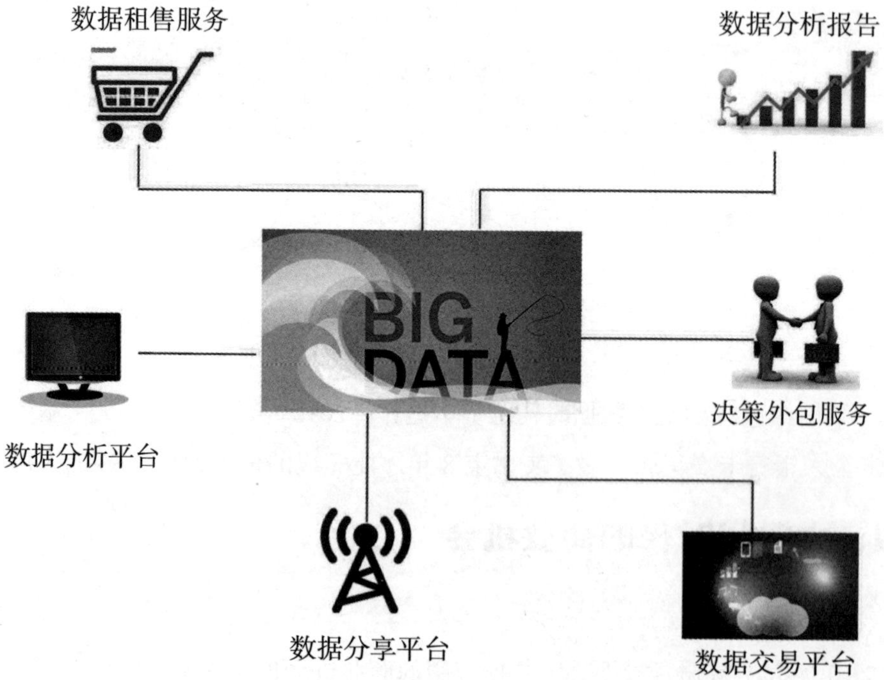

五、华尔街的数据财富

当我们把微博、微信等社交平台当作抒情或者发表议论的工具时，华尔街的敛财高手们正在挖掘互联网的“数据财富”，先人一步用其预判市场走势，并且取得了很多收益。华尔街根据民主情绪抛售股票；对冲基金根据购物网站顾客评论分析企业产品销售状况；银行根据求职网站的岗位数量，推断就业率；投资机构收集并分析上市企业声明，从中寻找破产的蛛丝马迹；美国疾控中心依据网民搜索，分析全球范围内流感等病疫的传播状况；奥巴马的竞选团队依据选民的微博实时分析选民对总统竞选人的喜好。

华尔街根据民主情绪抛售股票	对冲基金根据购物网站顾客的评论分析企业产品销售状况
银行根据求职网站的岗位数量推断就业率	投资机构收集并分析上市企业声明，从中寻找破产的蛛丝马迹
美国疾控中心依据网民搜索，分析全球范围内流感等疫情的传播状况	奥巴马的竞选团队依据选民的微博实时分析选民对总统竞选人的喜好

图 3–7　大数据“财富”

六、微信红包背后的大数据金融

微信红包背后是大数据时代的资本运作，2015 年春节仅仅两天，微信就绑定个人银行卡 2 亿张，做了支付宝 8 年才能完成的事。如果 30% 的人每人

发一百元红包，共形成 60 亿元的流动资金，延期一天支付，按民间借贷月息 2% 计算每天收益率，每天沉淀资金的保守收益是 420 万元，若按 30% 的用户没有选择领取现金，那么其账户可以产生 18 亿元的先进沉淀，

而且无利息支付。

微信红包 2016 年春节总收发次数达 321 亿次，总计有 5.16 亿人通过红包与亲朋好友分享节日欢乐。相较于羊年春节 6 天收发 32.7 亿次，增长了近 10 倍。在参与人群的年龄分布上，微信红包也覆盖了更多年龄层次的用户。90 后是发红包主力，共发送 25.88 亿次。猴年春节甚至不少爷爷奶奶辈也注册了微信账号并绑定银行卡，参与到红包狂欢中，60 后发送红包超过 1.66 亿次，60 前发送红包达 0.96 亿次。

小案例：

UPS 快递 (United Parcel Service) 成立于 1907 年，位于美国华盛顿州西雅图，快递业务遍布全球 195 个国家，其商标是世界上最知名、最值得景仰的商标之一。作为世界上最大的快递承运商与包裹递送公司，同时也是运输、物流、资本与电子商务服务的领导性的提供者。因高效闻名全世界，5 天内能够派送 15.8 亿件，依靠的就是大数据分析。

这家快递公司的司机一般每天要送 120~175 次货，快递司机一天中几乎有无数条路线可供选择。UPS 利用大数据分析打造了一个名为 Orion 的导航系统，可以在约 3 秒内找出最佳路线。上述情景中所有可能的线路的总数，是一个 199 位的数字，这一数字甚至大过了换算成纳秒单位的地球年龄。

对 UPS 这样的巨头来说，如果每位司机每天少开一公里，公司便能省下 5000 万美元。有数据显示，UPS 货车每年行驶路程减少 2.04 亿公里，就多送 35 万件包裹。

UPS 正在公司全部的 5.5 万条北美快递线路上装配这一系统，Orion 已经在大约 1 万条线路上得到使用，这让公司节省了 150 万吨燃料，少排放了 1.4 万立方公吨的二氧化碳。

案例分析：

去哪儿网的大数据营销

1. 去哪儿网的商业模式

目前，旅游市场有大量的网站存在，机票销售渠道很多，比如上面提到的携程网、艺龙网、芒果网等。各大酒店和航空公司也开始做网上直销，都在宣传自己的机票和酒店便宜。是否真的便宜，顾客需要通过打开各大网站进行比较，非常麻烦。

有些销售机票的网站也提供机票和酒店服务，但实际情况却是，这些网站帮助预定的酒店都是与他们签订合同的酒店，不见得是最便宜和条件最好的。

去哪儿网基于这种现状，开发了一个垂直搜索引擎，将这些供应商的机票价格和酒店价格信息都整合起来，通过后台大数据信息分析系统将这些价格进行对比整理，把对比后的价格一目了然地展现给顾客，并及时更新价格信息。通过去哪儿网，顾客可以浏览到所有供应商的价格信息，并能进行有效对比。

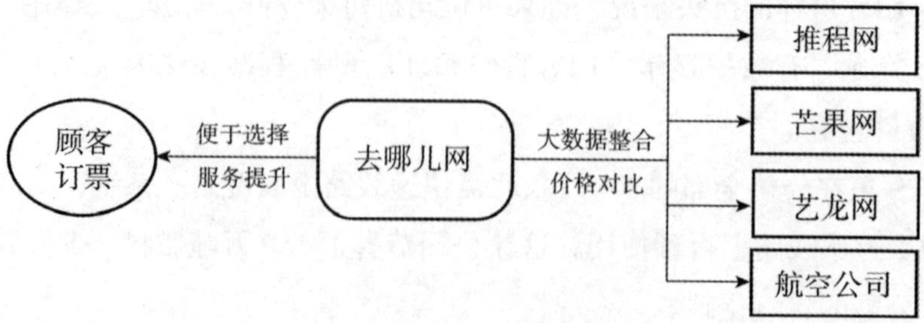

图 3-8　去哪儿网的经营逻辑

去哪儿网还根据顾客的搜索条件，提供一个最划算的价格组合。比如机票，顾客可以自己组合航班，也可以根据网站提供的一些价格便宜的往返航班的组合进行选择。网站还可以做出未来一个月的价格走势，顾客可以根据走势图来安排自己的出行时间。

酒店预订方面，顾客可以任意搭配多个关键词，比如，酒店的类型、价格以及位置，根据这些关键词进行搜索，就可搜索到符合自己要求的区域内的酒店以及价格，并且可以看到从低到高的价格排列。

如果顾客有需要，去哪儿网还可以将机票和酒店进行组合，给顾客一个最佳方案。

去哪儿网还为一些规模较小、没有网站的特色酒店推出了一个专门的在线销售平台，在这里可以搜索到 15 万家酒店 、2 万家旅游供应商，而携程网只有 3.2 万家。

2. 去哪儿网的盈利模式

去哪儿网与携程网的利润来源不同。携程网是通过产生的交易向航空公司和酒店获取佣金；去哪儿网则是按点击量收费，顾客点击某个航班或者酒店信息，就可以连接到相应的供应商网站进行查看，不管有无交易产生，去哪儿网只按点击量向航空公司或者酒店收费。

每个合作的酒店都会分配一个“400”号码的电话放在网上，以供顾客查询或直接订购。去哪儿网则按通话时间向酒店收取每分钟 2 元的费用。

携程网需要庞大的服务人员去推荐供应商的酒店，成交了才能获得提成；而交易成交与否与去哪儿网无关，要凭供应商酒店销售人员自己的能力，去哪儿网只收取电话通信费。专业的人做专业的事，为去哪儿网大大减少了服务人员和运营精力。

为了防止欺骗或者钓鱼网站，去哪儿网严格审核机票代理商的资质，并且向每个供应商都收取一笔风险保证金，如果顾客拿不到票，去哪儿网则负责赔偿。这些保证金，就可让去哪儿网获得不菲的无息融资。

去哪儿网区别于携程网和艺龙网的地方是，这个网站不涉足具体的机票和酒店业务，而是作为一个第三方的大数据搜索引擎，来索引展示网络上已有的出行业务，可进行分类展示和排序，让用户根据自己的实际需求来选择相关的产品或者服务。简单来说，大家可以把这种模式理解为在线出行的“中介”网站。根据国际数据调研机构益百利 Hitwise 公司的数据统计，去哪儿网月度访问率为 42%，保持中国在线出行网站第一，携程网以 15% 位列第三，去哪儿网的访问率几乎为携程网的 3 倍。

价格竞争力是去哪儿网吸引广大消费者最大的优势。去哪儿网的机票价格平均低于携程网等 17%，且其酒店频道中具有低价优势的酒店占比率达到 86%。585 个样本中去哪儿网的平均报价为 334 元比携程网等便宜了 12%。

除价格外，去哪儿网还做了一系列的产品优化，确保其产品安全可信赖。在去哪儿网平台上，机票、酒店、团购、度假等旅游产品都建立了“担保通”体系为消费者做保障。

由于集中关注用户体验的缘故，去哪儿网总用户人数突破了 4000 万，处理的网络和移动搜索查询请求总数约为 20 亿次。

360 董事长周鸿祎曾说过：“互联网上，小公司若想打败大公司，改良没有出路，只能靠颠覆。”其实从一开始 ，去哪儿网与携程等网站的模式就完全不同，去哪儿网是旅游媒体平台模式，而携程等网站是在线旅游代理商的角色。过去几年来，携程网作为在线代理商的老大，一直被挑战，但从未被超越。直到去哪儿网作为颠覆者的角色出现。

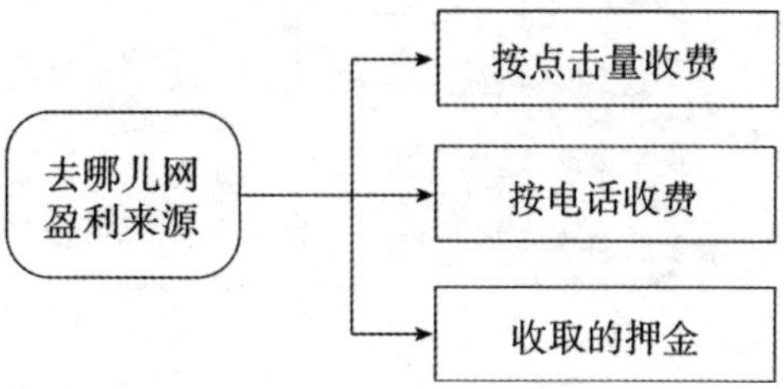

图 3-9　去哪儿网的盈利模式

越来越多的依赖于互联网、手

机的年轻人旅游出行开始选择去哪儿网，而不再是打电话通过携程网预订。虽然携程网也适时大力发展其网站、手机客户端，但是目前携程网约60%的业务仍然来自线下呼叫中心。

3. 去哪儿网的发展路线

2005年，去哪儿网成立。

2006年7月，获得200万美元的首轮投资。

2007年9月，获得第二轮1000万美元的投资。

2009年11月，获得第三轮1500万美元的投资。

2011年，获得百度3.06亿美元的投资。

2010年，营业额为1.24亿元。

2012年，收入为5.02亿元。

2013年，收入为10亿元。

2014年，收入为17.56亿元。

2015年10月，去哪儿网与携程网合并。

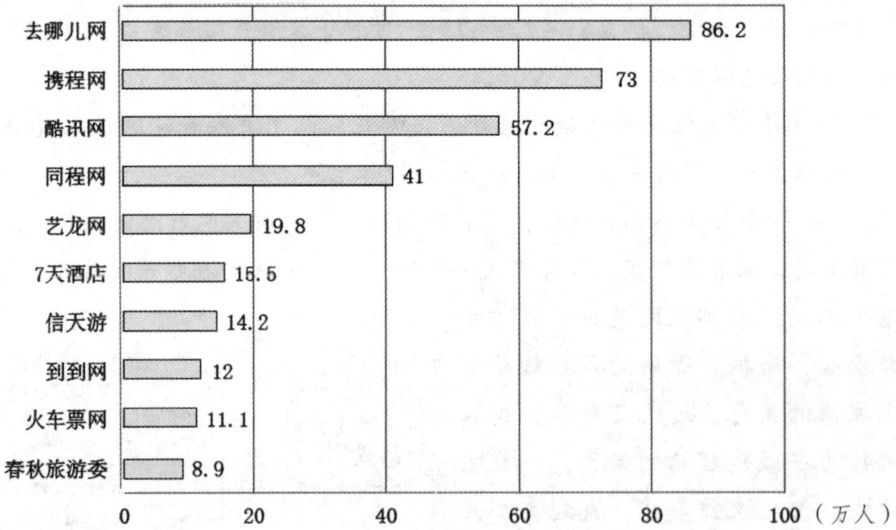

图3-10　去哪儿网日均覆盖分析

2013 年 11 月 1 日，去哪儿网在美国纳斯达克交易所挂牌上市，首次公开募股（IPO）发行价为每股 15 美元，当天挂牌直接高开 89% 至 28.35 美元，仅仅交易了 22 秒钟后就暂停 5 分钟，此时涨幅已达 108% 至 31.19 美元，主要原因是市场太过热情的大力买进，纳斯达克给予投资者一点冷静时间。5 分钟后该股恢复交易，盘中最高涨幅一度超过 130%，当天收报 28.40 美元，上涨 89.33%，市值达 32.09 亿美元。

按去哪儿网 11 月 1 日收盘价计，其创始人兼 CEO 庄辰超在 IPO 后持股比例为 6.49%，身价超 2 亿美元。

案例分析：

“疯狂”的三只松鼠

食品行业竞争充分，实现创新是非常难的。三只松鼠却把小坚果做成了“大生意”，通过互联网找到了颠覆性的创新模式，开创了一个以食品产品的快速、新鲜为卖点的新型食品零售模式。

三只松鼠把目标客户定位为 80 后、90 后的年轻人，并且找到了目标客户尚未被满足的精准需求——让坚果更易剥，尽最大可能对各个消费环节给予方便和优化，比如包装袋里有剥壳器、湿巾、夹子、垃圾盒，方便随时食用，让消费者有了更便利的食用体验。

把产品包装设计成类似宠物食品，客服把自己装成松鼠一般和顾客沟通。超萌的松鼠动漫形象、互联网品牌的定位，迎合了80后、90后群体的心理，迅速成为网购群喜爱的品牌。

这些差异化的创新所花成本仅占营销成本的1%，却极大地影响了消费者的感觉。另外，三只松鼠还和消费者互动，根据消费者的购买意图给予相应的建议，让消费者感觉好像是面对面在交流。

三只松鼠的卖点已经不是价格，而是商品的质量和服务。

为了解决产品质量和新鲜度，三只松鼠的做法是先尽量缩短供应链。供应链管理采取的是核心环节自主、非核心环节外包的合作方式。首要的核心环节当然就是产品源头。三只松鼠在全国范围内寻找产品的原产地，统一采取订单式合作，并提前给预付款。

原材料收购之后，委托当地企业生产加工成半成品，每一家厂商生产不超过两样产品。然后还增加了一个检验环节。

之后，生产出的半成品被送回三只松鼠位于芜湖高新区的1万平方米的封装工厂中，或存于0～5℃的冷库中，或保存在20℃的恒温全封闭车间中。

当消费者要购买时，再从冷库中拿出来。通过网络电子商务平台，实现工厂保鲜产品直达顾客的更快的速度保障，从原产地到顾客手中不超过60天的时间 。相对于传统产品，这样大大减少了货架期，这一点，对于食品，尤其是像坚果类产品的质量和新鲜度是非常重要的。

【核心竞争力】

定位于“森林产品”，倡导“慢食快活”的生活方式。

更宽泛的产品种类和抽象的品牌定位。

【取料原产地】

非原产地不选：松鼠家的原料均选自全球的原产地农场。

非好营养不选：松鼠家注重每种原料的健康、营养属性。

非好口感不选：松鼠家相信好口感一定来自优质的原料。

【全程最新鲜】

温度就是新鲜：松鼠家根据产品属性在出厂前或0℃保鲜或26℃恒温保鲜。

检验就是真理：松鼠家坚持三道检验——原料检验、过程品控、出厂检验。

环境就是安全：松鼠家建造超越QS标准的工厂现场环境，这些是安全的保证。

【极致优服务】

售前确定性：松鼠家坚持不断优化网店布局，使顾客快速地了解产品。

售中确定性：松鼠家的客服能够随时为您解决一切确定性的疑问和咨询。

售后确定性：松鼠家相信售后服务才是真正销售的开始。

三只松鼠“疯狂的成长”历程：

2012年2月，5人的创业初始团队在芜湖创建三只松鼠品牌。

2012年3月，获得IDG资本150万美元的天使投资。

2012年8月25日，上线的第65天，在天猫坚果类目销售跃居第一名。

2013年1月31日，月销售额突破2200万元，位列全网第一。

2013年4月，荣获“全国坚果炒货营销十强企业”称号。

2013年5月，再获今日资本、IDG资本617万美元的B轮投资。

2013年8月22日，荣获“2013中国创新产品十强”（服务类）。

2013年11月26日，再次荣获“2013中国年度创新成长企业100强”称号。

2013年12月12日，日销售额突破2020万元，成为全网食品销售冠军。

2014年，销售额达到10亿元。

2015年“双11”当天，销售额达到2.5亿元。

2015年，销售额达到25亿元，并且获得D轮融资3亿元人民币。

没有不赚钱的行业，

只有不赚钱的模式。

商业模式创新：

是所有企业经营的**核心和基础！**

是所有企业家必须掌握的**思考逻辑！**

是企业进行**投资融资的前提条件！**

深度思考：企业成长性评价指标

序号	评价	评价水平			
		比率	高	中	低
1	你企业的利润率				
2	你企业的资本回报率				
3	你企业的销售复合增长率				

第四章

企业成长性检测

第一节 你的企业有投资价值吗——巴菲特的“相马术”

一、巴菲特的投资哲学

2009年，被称作“私募教父”的赵丹阳花了211万美元的天价与巴菲特共进午餐。巴菲特告知其三句话：第一，注意规避风险，保住本金；第二，规避风险，保住本金；第三，记住前两点。当然这只是一个故事。

巴菲特利用自己的投资哲学，的确创造了现代社会最大的理财神话，40多年间，从100美元到500亿美元，每年的平均增长率超过25%。其在2008年的《福布斯》排行榜上财富超过比尔·盖茨，成为世界首富。在2013年福布斯全球富豪排行榜位列第四，净资产达535亿美元。巴菲特考察一家企业是否具备可投资性，一般会考虑以下八个要素：

第一，考察公司是否属于“收费桥”公司。所投资的公司应处于消费垄断的市场地位，即应是处于支配性市场地位的公司。重视公司的品牌形象和生命力，如可口可乐、吉列等日常性消费品牌。对于商品制造企业的股票，原则上应是它们所在的行业的生产成本最低的情况下才会购买。巴菲特判断一家公司是否具有消费垄断，他喜欢假设这样一种情况——如果他用几十亿美元的资金，并且可以从全国前50位的经理人中挑选人才，看这些人创建的企业是否可以与这家公司相竞争，如果答案是否定的，那么他就会认定该企

公司名称	微软公司	甘尼特集团
业务评价	在全球PC操作软件领域具有85%以上的市场份额，拥有垄断地位	在美国拥有许多区域性垄断的唯一一份报纸
检验结论	通过	通过

业具有消费垄断性。

第二，考察公司是否具有成本调控能力。当发生通货膨胀的时候，公司能够随着经济情况的变化调整产品的价格，而销量不受影响。也就是说，当发生通货膨胀的时候，企业应具有调价的能力，调价之后，企业的销售额不会受任何影响。但是，现实状况是很多企业调价之后，竞争对手会趁机抢占市场份额。

公司名称	微软公司	甘尼特集团
业务评价	科技公司价格不受通货膨胀影响，产品往往随着时间而降价，决定性的市场地位能够控制价格	在美国拥有许多区域性垄断的唯一一份报纸，控制广告发布权
检验结论	通过	通过

第三，考察公司产品的复杂程度。产品复杂程度就是您企业的产品是否易于被大众所接受，如果企业推出的产品很复杂，要解释很长时间客户才能理解，那么您的产品就有问题。如饮料、剃须刀、婴儿尿布等日常消费品，个人电脑在科技高度发达的今天也属于被大众广泛接受的产品。

公司名称	微软公司	甘尼特集团
业务评价	高技术具有不可理解性，就像是另外一门语言	报业集团是任何人都需要的行业
检验结论	中性	通过

第四，考察公司利润的可预测性。应注重公司未来利润的可预测性，如果没有可预测的盈利，盈利能力不稳定、不持续，那么未来的任何价值计算都是投机的。

公司名称	微软公司	甘尼特集团
业务评价	过去 10 年利润一直在增长	每年收益一直稳固增长
检验结论	通过	通过

第五，考察公司负债水平。巴菲特会考察一家公司的长期债务能否用两年或两年以内的净利润来清偿，他判断一个企业负债能力的时候就是看其盈利能力，看两年内的盈利能力能不能偿还企业的长期负债和短期负债。比如企业的负债是 5 亿美元，两年的利润加起来若还不到 5 亿美元的话，那么这家公司的负债能力就有问题，说明这家企业有一定的危险性，是不能投资的。

公司名称	微软公司	甘尼特集团
业务评价	公司没有负债，每年还有平均 100 亿美元的利润	过去 5 年平均 5 亿美元利润，长期负债是 7.67 亿美元，长期负债小于两倍的年利润
检验结论	通过	通过

第六，考察公司权益报酬率。投资以后形成股东权益，股东权益报酬率是否等于或高于 15%，如果权益报酬率不能高于或等于 15%，说明这家企业是有问题的；若等于或高于 15%，说明公司在未分配利润上做得很好，能给股东高于平均水平的回报。

公司名称	微软公司	甘尼特集团
业务评价	过去 7 年平均权益报酬率是 29%	过去 10 年的平均权益报酬率是 20.4%
检验结论	通过	通过

第七，考察公司资本支出。考察资本的支出，就是纯粹从经营活动产生

的收入与支出相比，如果是正数，说明收入大于支出；反之则说明支出大于收入。自由现金流一定要是正数，才能说明公司创造的现金比花费的现金多。

公司名称	微软公司	甘尼特集团
业务评价	公司每股现金流是 2.47 美元，且有 900 亿美元储备金	前期大量的资本支出，随后的经营不需要太多的现金流
检验结论	通过	通过

第八，考察未分配利润的使用。若这一部分钱也参与经营，那么这部分钱的回报率是否在 12% 以上，如果超过 15% 则更好。

公司名称	微软公司	甘尼特集团
业务评价	25.8% 的年平均回报率	15.5% 的年平均回报率
检验结论	通过	通过

二、巴菲特的投资原则

通过巴菲特的投资原则，我们可以得出以下结论：

（1）企业满足客户精准需求和创造客户价值的能力要强。

（2）客户价值的创造能力要源源不断，战略控制能力要强。

（3）盈利模式要清晰，赢利来源于客户价值创造，基于模式内涵与客户价值为产品、服务进行战略性定价，构建起支持目标成本的运营体系和成本结构。

也就是说，企业为客户创造价值的能力卓越、企业获得持续的竞争能力就是源自对客户价值的追求。

第二节 企业成长检测模型

一、企业成长性的关键因素

决定企业是否具有成长性的关键因素，不是企业的规模和资金实力，而是能否给客户提供独特的价值，满足客户精准需求的能力。

企业是否具有成长性来自企业为客户创造价值的能力。一个企业如果失去了为客户创造价值的能力，或者说企业为客户创造价值的能力不强，就意味着这个企业会被客户所抛弃。所以我们认为创造客户价值的能力这个标杆衡量着一个企业的成长性。那么，评价一个企业的成长性的标准是什么呢？

第一，实现客户价值的程度。客户价值包括三个层面：一是客户需求，是否创造性地满足了目标客户群的特定消费需求；二是价值主张，是否具有为客户所接受的独特、清晰、简明的价值主张；三是性价比，是否能够提供超越客户期望的性价比。

第二，企业的盈利模型。盈利模型包含三个层面：一是价值获取，盈利是否来源于客户价值的创造，能否通过此模式有效地改善企业的显性资产和隐性资产的状况；二是战略定价，如何基于模式内涵与客户价值为产品、服务进行战略性定价；三是目标成本规划，能否构建起支持目标成本的运营体系和成本结构。

第三，企业战略控制能力。战略控制能力包含三个层面：一是客户忠诚，现有模式的实施能否形成客户对企业基于价值认同的长期忠诚；二是战略地位，现有模式的实施能否形成企业在价值链中不可替代的战略地位；三是模仿障碍，影响模式成败的关键要素是什么，模仿的可能性和难度如何。

这三个维度支撑起企业为客户创造独特价值的能力。

表 4-1　企业成长检测维度

检测维度		关键问题
客户价值	客户需求	是否创造性地满足了目标客户群的特定消费需求
	价值主张	是否具有为客户所接受的独特、清晰、简明的价值主张
	性价比	是否能够提供超越客户期望的性价比
盈利模型	价值获取	盈利是否来源于客户价值的创造，能否通过此模式有效地改善企业的显性资产和隐性资产的状况
	战略定价	如何基于模式内涵与客户价值为产品、服务进行战略性定价
	目标成本规划	能否构建起支持目标成本的运营体系和成本结构
战略控制	客户忠诚	现有模式的实施能否形成客户对企业基于价值认同的长期忠诚
	战略地位	现有模式的实施能否形成企业在价值链中不可替代的战略地位
	模仿障碍	影响模式成败的关键要素是什么，模仿的可能性和难度如何

二、生产企业的传统商业模式

以下是苏州一家包装生产厂的商业模式，上游是大型企业，具有垄断地位，包装厂对其依赖性较大，议价能力强；下游“小、散、弱”的印刷设计企业，无持续盈利能力；终端企业用户需求得不到充分满足。这家企业上游需要“现款现货”，下游需要“先货后款”，完全依赖下游小企业存活，无法预料市场变化， 对上游无话语权、对下游无控制力，并且随着人力成本的增加和竞争激烈，利润越来越薄。

在互联网时代，企业拥有的资产只是过去式，具备成长的价值才是未来。决定企业是否具有成长性的关键因素，不是企业的规模和资金实力，而是企业能否给客户提供独特的价值以及满足客户精准需求的创新能力！

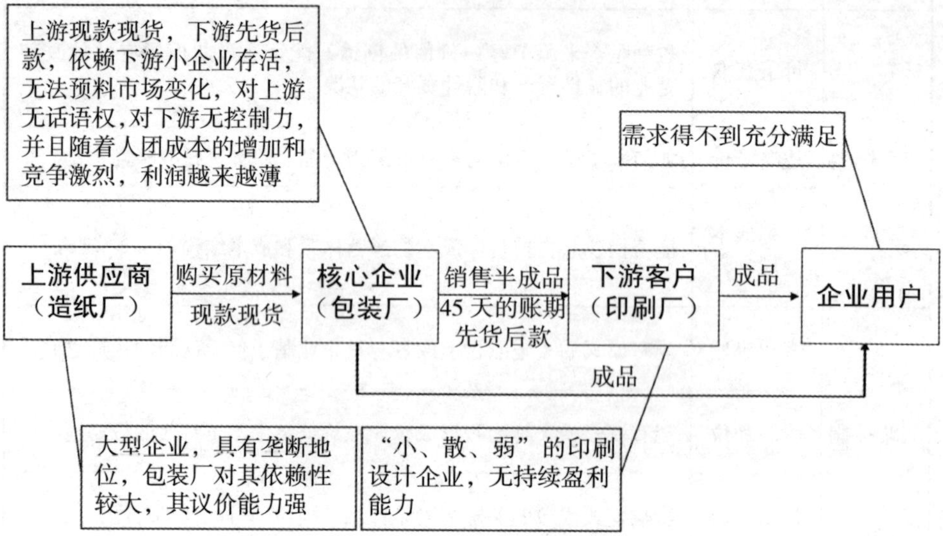

图4-1 大多数企业典型的商业模式

第三节　商业模式创新的误区

一、商业模式创新解决的是企业的根本问题

面对白热化的竞争，中国企业家们也意识到了“不学则亡”的道理，加入到学习和培训的大浪潮中，不断地“苦练内功”：全面质量管理、细节管理、时间管理、团队建设、文化建设、标杆学习、绩效考核等，希望学得“真经”以增强企业的生存实力。

其实，这些做法只能提升企业的内部运营效率，却不能根本性地解决企业外部的竞争问题。运营效率的提升会让企业彼此容易模仿跟进，使企业之间的竞争越来越趋同。

商业模式创新属于企业顶层战略范畴，解决的是企业发展的根本问题，高于战术层面。只有商业模式创新才是应对竞争最有效的力量，它能让企业拥有更强的竞争实力，提供给顾客独特的价值。

如果战略选择错误，内部运营效率越高则可能对企业愈加不利。对于每个企业来讲，宁愿“管理混乱但赚钱，也不需要管理有序但亏损”的战略。用战略竞争的全局观和顾客价值创新的前瞻性来经营企业，实现在现有条件和资源下创造最大的利润，才是中国企业应该追求的目标。

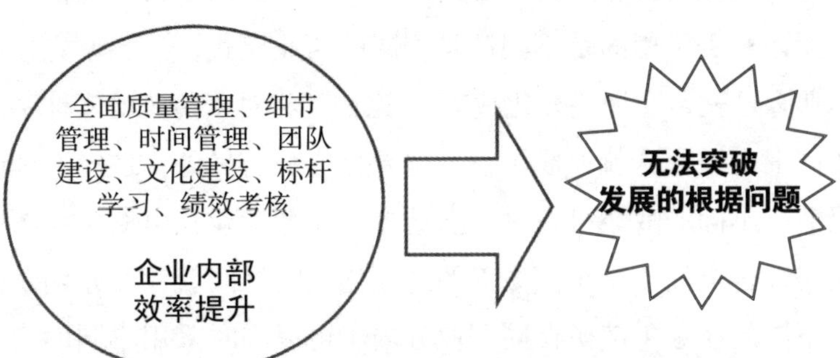

图 4-2　企业内部效率提升不等于商业模式创新

二、商业模式创新常见的问题

很多企业在创新商业模式过程中经常出现以下几个问题：

（1）认为商业模式创新就是资源整合，资源整合得越多越有价值，这种思维是错误的。资源并不产生价值，整合来的资源形成有效、有序的运营逻辑才是关键。

（2）认为商业模式创新就是技术创新，这也是错误的。创新源自需求，创新是解决需求问题，而非解决技术问题。企业创新分为技术驱动模式和市场拉动模式。那些“高科技产品”是技术驱动模式的产物；而那些“简单产品”便是市场拉动模式的产物。

（3）认为商业模式创新就是一个创意和点子。在互联网时代，商业模式的创新依靠的是系统性思维、创新性逻辑、平台的角度和整体化解决。

（4）在商业模式创新时找不到精准需求，想当然地把一个“泛泛的需求”当作是客户所必需的需求。比如“客户需要一匹更快的马”，在这个需求中，客户需要的是“更快”，而不是“马”，只有找准“更快”，才能颠覆“马”这个载体。哈佛大学营销学教授西奥多列维特说过，人们不需要四分之一英寸的钻孔机，人们需要四分之一英寸的孔。

（5）把战略规划等同于商业模式创新。战略属于方向选择和价值主张及业务定位的范畴，而商业模式则比战略范围更广，属于经营路径和逻辑实现范畴。战略则是要在企业的经营活动中，造就自己独特的地位（与对手的差别）。无论对手采用的是不同还是相同的商业模式，只要率先采用某种商业模式，那么这就是一种差异化战略。比如，相对于传统的实体书店，亚马逊首创了网上书城，这就形成了一种差异化优势。另外，在同一个商业模式之内，仍然有不同的战略可以供企业选择，比如专业化电商（聚美优品）的聚焦战略与综合电商（京东商城）的多元化战略之间就存在差别。就公司战略而言，不同的业务（甚至在同一业务内）可以同时采用不同的商业模式，比如，苏宁的电商业务与实体店并行共存。

在资本为王的时代，企业并非有了资本就能高枕无忧。

企业缺的不是资本，缺的是吸引资本的商业模式。

只有商业模式构建清晰，资本才能成为助推企业腾飞的关键要素。

资本经营的前提是有创新的商业模式。

案例分析：

汇付天下的供应链金融

汇付天下抓住了一个机会，帮航空公司的一级代理商垫付票款，从中收取佣金。这让代理商的资金周转率提高了 4 ~ 5 倍，也增加了航空公司的回款速度及出票量，汇付天下至今无一笔坏账。

汇付天下于 2006 年成立，当时想做网上基金销售的支付业务，但一直未获批准，后来转向帮航空公司的一级代理商垫付票款，从中收取佣金。公司 2008 年即实现盈利，2010 年交易量达到 1025 亿元，2012 年支付结算量超过 6000 亿元，2014 年交易额超过 1 万亿元，复合增长率超过 600%，居国内第三方支付行业前三位，在金融支付领域排名第一。

汇付天下发现中国 80% 的机票都通过代理商层层分销，一级代理商通过担保公司向航空公司赊账拿票，但要等到下一级代理商回款后，才能给航空公司付钱。因而常常会因为缺钱，无法及时进行下一笔交易。而航空公司不仅现金流受到影响，出票量也受制约。

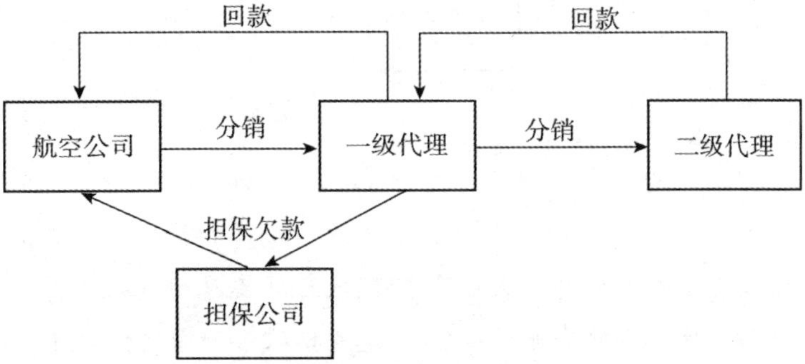

图 4–3　传统的商业模式

汇付天下在一级代理商下单后，先帮他们垫付票款，同时从航空公司收取佣金。大约3天左右，代理商的资金回笼，汇付天下即可通过网络平台收回垫款。这个模式，不仅提高了一级代理商的资金周转次数，更增加了航空公司的回款速度及出票量。汇付天下创始人周晔说，之前一级代理商的资金每年只能周转15～20次，现在则提高到了80～100次，从而可以更频繁地向航空公司拿票，而代理商与航空公司之间的交易次数越多，汇付天下获得的佣金就越丰厚。

汇付天下模式创新的关键有两点：资金来源与风险控制。

资金来源：汇付天下为代理商垫付的资金从哪里来？创始人周晔从朋友那儿获得了2000万美元的天使投资，公司股东包括印尼第二大财团“三宝麟”和亚洲多家风投公司，公司总投资接近5亿元人民币。

风险控制：国内机票代理商众多，良莠不齐，风险管控成为一个难题。但公司至今未发生一笔坏账，它控制风险的办法是：只做规模前10%的代理商，这些代理商占据了很大的市场份额。公司称，国内所有的航空公司及5000多家一级代理商都是其客户。目前，公司在航空电子票务市场的占有率近50%，机票业务占其总支付结算量的七成。

目前，汇付天下已与国内很多航空公司、京东商城、苏宁易购等达成战略合作。

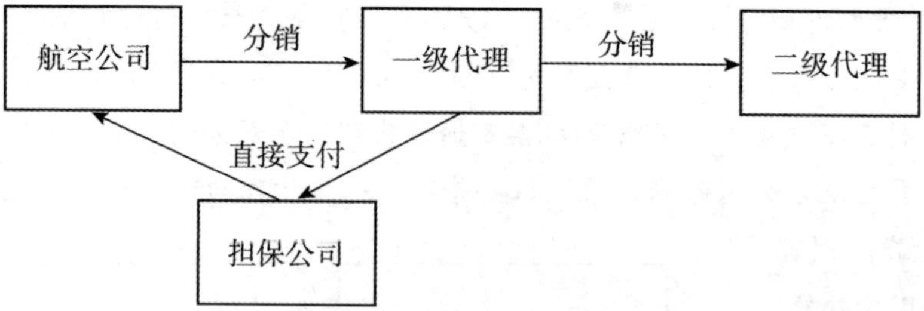

图4-4 重构经营逻辑

2010年，汇付天下终于如愿获得了网上基金销售支付服务的许可，随后开始拓展这一业务，推出了介于银行账户和基金账户间的网络支付平台“天天盈”。具体的操作是：基金投资者只要注册“天天盈”账户并充值，即可申购基金。申购费率为0.6%，是直接从银行申购费率（1.5%）的40%。

这一支付服务，有利于基金公司在网上直销。而过去基金公司必须和每一家银行单独签约，才能实现网上银行转账支付，而现在只要在其销售系统中嵌入“天天盈”，付结算手续费就行了。现在九成的基金都通过银行代销，而对于基金公司来说，能够直接面对投资者进行申购和赎回意义重大，因为银行不仅收申购费和赎回费，还从基金公司所获得的每一笔基金管理费中抽取 30% 左右的“尾随佣金”。

目前，该平台实名注册用户数已近 200 万，形成了支持 48 家基金公司、33 家银行和上千只热门基金申购的一站式服务。

【点评一】

• 行业对第三方支付的需求依然很大，这个市场大有可为。“信用支付”不能说是一种新的模式，只是支付业务为了吸引行业用户而进行的一种产品包装。

• “天天盈”这个产品，和支付完全是两回事，但也算热门领域。

• 第三方支付牌照落地，接下来是竞争进入白热化的阶段，汇付天下分心“天天盈”，可能导致丢失航空领域的客户。支付宝已经买下“安卡支付”（原属澳大利亚安卡集团，提供航空跨境支付业务，客户有国泰航空、长荣航空等），而另一家公司“易宝支付”在航空支付领域内早已开始大杀四方。

【点评二】

汇付天下找到了切入“资金支付领域”的一个非常好的入口——如何规避银行和大机构的高费率，降低用户的交易成本。这种模式还可以延伸到其他领域，只要是大额支付、需要快速结算又要规避高费率的领域，就是市场。但有两个发展瓶颈：一是资金规模，通过融资可以部分解决这个问题，但不可能无休止地规避银行和金融机构，也不可能无休止地降低税费；二是法律监管，在涉及金融犯罪或洗钱时，这种模式本身就容易受到诟病和质疑。

深度思考：企业成长性检测

序号	问　题	思考答案
1	你企业的商业模式是否可以复制？	
2	目标顾客转移的成本有多高？	
3	目标客户的体验性有多高？	
4	能否在投资之前就获得回报？	
5	是否可以多元化盈利？	
6	成本结构是否可变？	
7	阻挡竞争对手的壁垒有多高？	
8	是否形成可循环的生态系统？	

第五章

构建正向的经营逻辑

第一节 你的企业是在“卖驴”还是在“抽奖”

一、传统经营逻辑与创新经营逻辑

有一个农夫，花了100元买了一头驴驹回来，然后花30元的成本饲养，养大后150元把它卖出去，最后获得20元的毛利润。这是在没有竞争的情况下实现的结果。如果存在竞争，多个农夫做同样的事情，为了使自己的驴尽快卖出去，农夫们就会争相降低销售价格，最终大家都无利润可言，这就是同质化的价格竞争。

最不愿发生的情况就是，驴还没等卖出去就突然死掉了，农夫只能以50元的处理价格卖给屠宰厂，最后农夫负债80元。有人给农夫出了个主意，先别卖给屠宰场，让他打印了一张驴的照片，拿到集市上去抽奖，将驴作为奖品，每抽一次2元。很多人贪图便宜，以为2元就能抽中一头驴，是非常划算的事情，就算没有抽到，花2元也不算什么。就这样，农夫卖了500张抽奖券，收取了1000元。最后中奖的人不满意是头死驴，所以农夫把2元钱退还给了中奖人，去掉成本，农夫赚了868元。

以上买驴驹，养大再卖驴的逻辑就是传统的经营逻辑，而抽奖的逻辑就是创新的经营逻辑。企业在互联网时代必须抛弃传统的经营思维，转向创新的经营逻辑。

表 5-1 逻辑不同，导致的结果不同

	成本	流动成本	售价	利润
传统经营逻辑（卖驴）	100	30	150	20
	100	30	140	10
	100	30	135	5
	100	30	50	-80
创新经营逻辑（抽奖）	100	30	1000	868

二、战略重构与商业模式创新实现的价值

在互联网时代，一个企业要做大做强，在竞争中获得优势地位，就必须有良好的模式，很多企业做到一定阶段就做不大了，或者还没等开始发展就倒闭了，原因是一开始就没有创新商业模式。

过去传统的竞争战略已经不适用了，企业必须进行战略重构与商业模式创新。知识传播速度的加快使“市场定位”“品牌规划”“传播策略”这些常规的策略变成了公开的秘密，竞争对手一看就懂，构不成实质性的竞争壁垒。

互联网时代，新技术应用和全球化发展推动了产品周期、生命周期和产业周期的缩短，在高度横向分工的产业组织中，企业容易变得越来越相互依存，产品越来越趋同，战略重构与商业模式创新也就变成企业竞争的核心。

战略重构与商业模式创新的目的就是找到创新的经营逻辑，实现最大化的结果。战略重构与商业模式创新可以拓展企业的市场领域，吸引客户重复不断地消费，增加客户黏性，实现企业持续发展。

第二节 伪经营逻辑

一、伪经营逻辑与伪商业模式

不成功的企业都是建立在“伪逻辑”之上的，“伪逻辑”是建立在一个“不成立的前提”或者是“假前提”下的逻辑。太多的企业在商业计划书中构建了一个“伪经营逻辑”，也就是“伪商业模式”。

有些企业的商业模式听起来无懈可击，但透过现象看本质，这种模式并不存在。主要的问题在于经营逻辑的起点是错误的，一切商业模式创新的本质都是增加客户价值。如果企业忽视了客户价值的创造，即使逻辑的环节没有任何问题，这种经营也是不可能持续的。

二、商业模式创新失败的原因是逻辑起点错误

逻辑起点错误，逻辑环节即使正确，最终价值也不可能实现。

例如，假设“我是上帝”是真实的，是不能被推翻的前提，那么我就可以轻易地建立一个逻辑系统——因为我是上帝，我必然拥有万能的力量，因为我有万能的力量，我必然能征服世界。这个结论肯定是荒唐的，荒唐的原因不是逻辑推理的错误，而是逻辑的前提是不成立的。

表 5-2 逻辑与价值实现

逻辑起点	我是上帝	1+1=3	客户价值
逻辑环节	我有万能的力量	2+5=8	战略设计
	所有人都听我的	3+7=12	运营管控
	我有万能的力量	9+6=16	市场推广
价值实现	我可以征服世界	10+9=20	获得利润

再比如，假设“1+1=3”，那么“2+5=8，3+7=12，9+6=16, 10+9=20”就应该可以成立。但其实前提条件是错误的，因为“1+1=3”根本不成立。

所有正确的逻辑应以不证自明的逻辑或者不能被证伪的逻辑作为前提。不成功的经营都是建立在“自己以为消费者会需要你的产品和服务”的错误前提下，这种前提本身就是错误的，导致后面所有的逻辑都成为伪逻辑。

太注重“利润”，忽视了客户价值创造，越想要“钱”，“钱”就越远

逻辑错误，步伐越快，灭亡越快

第三节　正向经营逻辑

一、创新逻辑以客户未被满足的精准需求为起点

正向经营逻辑就是一切以客户价值和客户未被满足的精准需求为起点的创新逻辑。企业的所有经营活动都是围绕着客户价值实现来进行的。经营良好的企业不在于掌握了多少高科技技术，也不在于拥有多少雄厚的资产，而在于其与众不同的创造价值的意识。

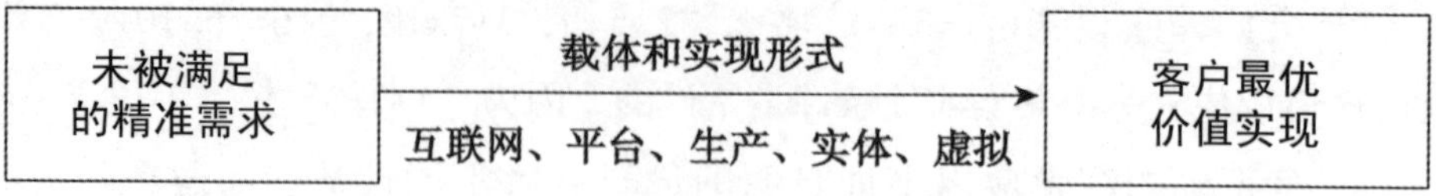

图 5-1　从精准需求到价值实现

二、与众不同的价值创造意识

战略重构的目的是适应新的环境。当下环境的快速变化已经成为一种常态，企业的战略重构与商业模式创新也就成为常态。

战略重构的过程是在实现客户价值的前提下，重新构建经营逻辑、以实现客户更优价值从而更好赢利的过程。战略重构的过程中，必须重新思考客户价值的实现，重新思考企业内外各要素的组合关系。战略重构的过程中，始终要把客户价值的实现放在第一位，综观那些经营良好的企业不在于掌握了多少高科技技术，也不在于拥有多少雄厚的资产，而是在于其与众不同的价值创造意识。

巴菲特在美国一所大学举行演讲。一个学生问：您认为什么样的人生才是真正的成功？巴菲特这次没有谈到财富，而是说了一句很朴实的话：“其实，你们到了我这个年纪的时候就会发现，衡量自己成功的标准就是有多少人在真正关心你、爱你。”他说出了人生的一个秘密：金钱不会让我

们幸福，幸福的关键是我们是否活在爱的关系里。同样，衡量一家企业成功的标准并不是利润率的高低，而是有多少客户真正爱你企业的产品、喜欢你企业的服务。

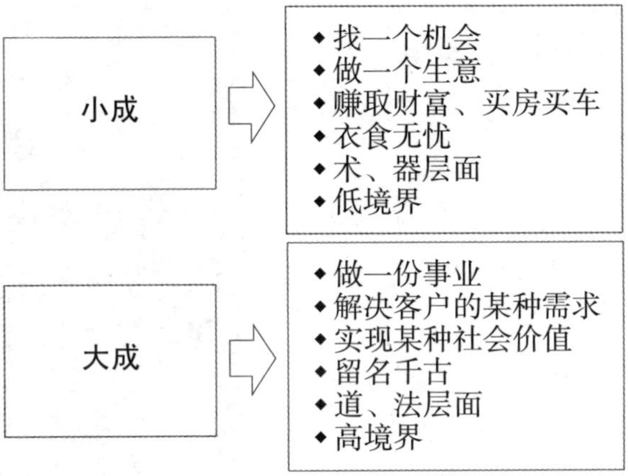

图 5-2　成功的内涵

案例分析：

图书经销商的颠覆创新——“专业客户经理＋精准数据库”

天翼图书创始人李月庆是中欧商学院教授，打算投资 100 万元自己创业成立公司。他发现，1914 年在美国上市的 100 家企业中，至今仍然存活的只有两家：一家是食品企业，而另一家则是出版企业。这证明知识和食物一样重要，对于人类的发展来说，阅读是一种伟大的推动力，于是他打算成立图书公司，卖书给企业经理人以及员工。

目前，我国出版产业进入了一个“大出版时代”，竞争异常激烈，图书市场并不好做。虽然出版业总产值突破了 1 万亿元，每年出版图书超过 70 亿册，但是在我国图书出版社有 600 家，书刊印刷企业有 18 万家，图书销售机构有 10 万余家，销售竞争异常激烈。一些作为文化地标的书店已从人们的视野中消失，比如北京“万圣”、南京“先锋”、上海“季风”、杭州“枫林晚”、广州“学而优”等。主要原因有以下两点：

（1）图书利润不高，人工和房租这两大成本达到书店成本的 50% 以上。

（2）来自互联网企业的竞争。当当、卓越、苏宁易购、京东等网络书店在搜索、价格等方面都有显著优势，对实体书店造成巨大的冲击。

事实上，人们一直在看书、在买书。不过，现在往往先在实体书店看书、挑书，再去网上书店买书。

天意图书成功的关键要素有三点：

（1）目标客户定位分析。

（2）未被满足的精准需求分析。

（3）图书产业链分析。

【人均读书量】我国每年人均读书量仅为 4.3 本（其中相当一部分还是教科书），远低于韩国人的 11 本、日本人的 40 本、犹太人的 64 本。

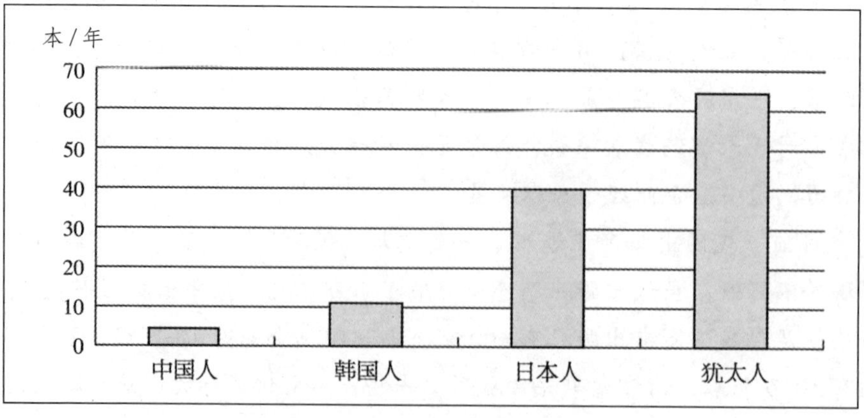

图 5-3　世界各国人均读书量

下面来看下天翼图书如何三步切入图书销售领域。

第一步，目标客户群聚焦，瞄准企业经理人。

如今全球经管类图书汗牛充栋，而且出书的频率越来越快，每季度全球新出的经管类图书大约有 1 万本，其中中文版本的有 3000 ~ 4000 本，企业管理人员在挑选和鉴别适合自己的书籍时变得越来越困难。在西方发达国家，企业经理人年均图书阅读量达 20 本，而在中国仅为 2 本。中国企业管理人员的图书市场潜力是非常大的。有些顾客自己去书店挑选了 10 本，然而对其有用的只有 1 ~ 2 本，这样既浪费了时间也浪费了金钱。加之书店如此之多，越发使竞争加剧，很多传统的书店难以为继。针对这一现状，图书经营商要如何竞争？以市场为核心，进行折扣处理？就算降低购买的价格，还是不能帮助顾客实现真正的需求。

第二步，分析产业链，发现传统的图书销售模式存在弊端，出版与销售是分裂的。

中国图书市场的现状是图书经销商普遍层次较低。在整个图书产业链中，出版社作为上游制造商聚集了大批精英分子，专注于出版策划，出版商将发行销售交由批发商、零售商负责，而中游批发商的专业化程度相对较低，大多只关注畅销书，而忽略了其他书籍的价值。图书出版和终端未能整合在统一的公司体系和平台建构之下，各自为政，因而造成图书销售渠道的管理理念相对滞后，图书销售专业化程度较低。用这种简单、粗暴的方式出售经济管理类图书，书的价值不会增加反而会大大降低。传统的图书销售仅仅是卖书，满足的是有限的需求，实现的只是有限的客户价值。

第三步，满足目标顾客未被满足的精准需求。

烦恼来自选择，目标客户未被满足的需求逐渐凸显。如何在繁杂的图书中找到适合自己阅读的书籍？图书企业若想创造顾客价值，就要帮助顾客在短时间内，找到他最想要的图书。所以实现以服务为核心、以销售图书为载体的创新营销模式才能发展。

由此，天翼图书应需而生。天翼图书先让员工对目标客户，也就是企业经理人的需求做调研，调查他们想要的图书的所有种类，然后再对经管类图书做分析，之后告诉客户哪本最好、哪本最适合，并且把每本图书的摘要写出来，提供给客户选择。这样就让客户在很短的时间内很方便地就能选到自己想要的书。

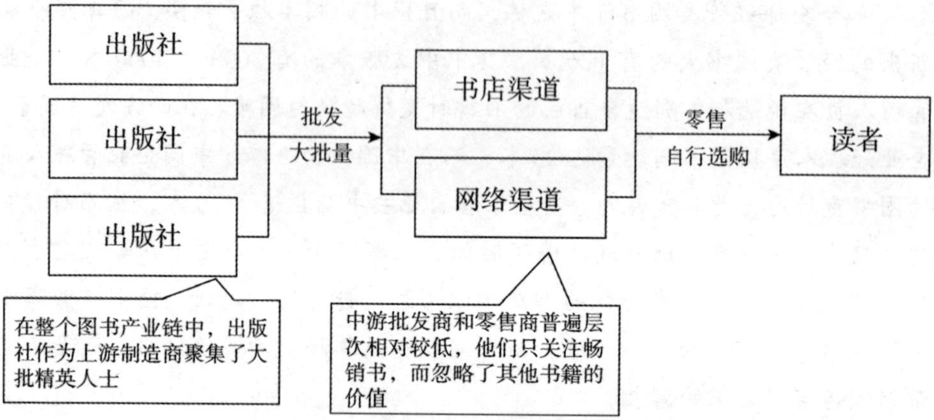

图 5-4　图书传统的商业模式

传统图书销售模式存在弊端。

天翼图书将各种类型的经管图书进行分析和总结，并把分析内容通过网络发布给客户，使企业管理层和他们的企业可以获得最具个性化、最适合的阅读书单，其客户采纳率都保持在 50% 以上。

天翼图书每月挑选出 20 余本、每季度 100 本左右的经管书单，提供给会员企业。这是一个高速发展的社会中衍生出的细分市场，天翼图书存在的价值就是它不可替代的专业化和精准化。

天翼图书成了中国首家专向企事业和教育机构提供从中英文图书资讯——度身筛选—购买—配送的一站式个性化的图书服务公司，帮助最具购买力也最想读书的经理人在图书的海洋里高效率地买到自己真正需要的图书。

因为天翼图书面对的是企业管理人员，对价格不敏感，所以图书价格不但不降低，还会在书价的基础上加收 10% 的服务费。天翼图书构建的企业整体或某一部门、某一项目组通过购买天翼图书公司的会员卡，成为公司会员，并且需要提前预付费用的销售模式。

通过为顾客企业提供标准化书单或个性化书单，实现 B2B 的有效对话。

天翼图书目前已有3000余家会员公司。如文广传媒、第一财经、中粮集团、中智、大众汽车、德尔福、莱茵技术、英特尔、通用电气、施乐、联合利华、诺基亚、飞利浦、葛兰素史克、罗氏、上药集团、中海油、中石化、TCL、金蝶、用友、万通房地产等，以及不少政府部门，如国务院发展研究中心、上海国资委、江西省委等也都是天翼图书的会员；此外，天翼图书还是中国诸多著名商学院，如中欧国际工商学院、长江商学院、北大光华、国家会计学院、上海交大安泰经管学院等教材和图书馆用书的唯一指定供应商。

天翼图书自2003年创办至今，面临实体店、网络购书大行折扣之道的形势，其年销售额还是达到了1亿元人民币。

天翼图书以服务为主的产品销售，实际上卖的是一种服务。当然，这种服务源自于顾客价值的创新与增值。

这家100万元起家的公司，成立第一年就实现了保本，并且在成立的前两年都在以100%的年成长率在增长。现在天翼图书的销售额连续3年翻倍增长，目前销售额已达到1.5亿元人民币。

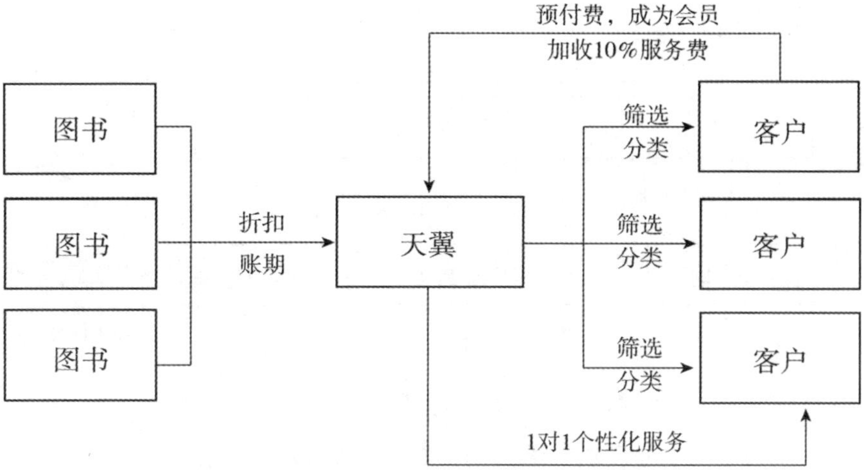

图 5-5 图书创新的商业模式

天翼图书打破了以往客户自主选书的传统模式，同时改变了传统图书的销售模式。

天翼图书通过上游出版社购进图书，通过筛选分类、1对1个性化服务、定期推荐图书的方式对客户实施服务，特别是1对1个性化服务，打破了以往客户自主选书的传统模式，同时改变了传统图书的销售模式。预付费并成为会员，不但没有折扣，还会加收10%的服务费用。

天翼图书商业模式创新的关键点分析。

（1）会员制销售。天翼图书定位于“选最有价值的书给最需要的经理人”。因此，它所面对的客户是企业整体或某一部门。

（2）先款后货。传统的图书销售是先货后款，并且要有折扣；而天翼图书的模式却是先款后货，且加价销售。天翼图书需要提前预付费1万～8万元成为会员，购书时直接在这笔预付款中抵扣。因为天翼图书面对的都是大型企业的管理人员，他们对价格并不敏感，所以图书价格不但不降低，还在书价基础上加收10%的服务费。

（3）按行业运营的销售团队。在天翼内部，客户经理完全按照行业和地域来划分客户服务，因此可以快速理解和响应客户要求。每个客户经理组成所谓的“卓越1+1”的服务团队，负责两三个行业、百余家会员企业的“个性化”服务。如今，天翼的图书的客户经理每人每年少则创造几十万元、多则几百万元的销售额。

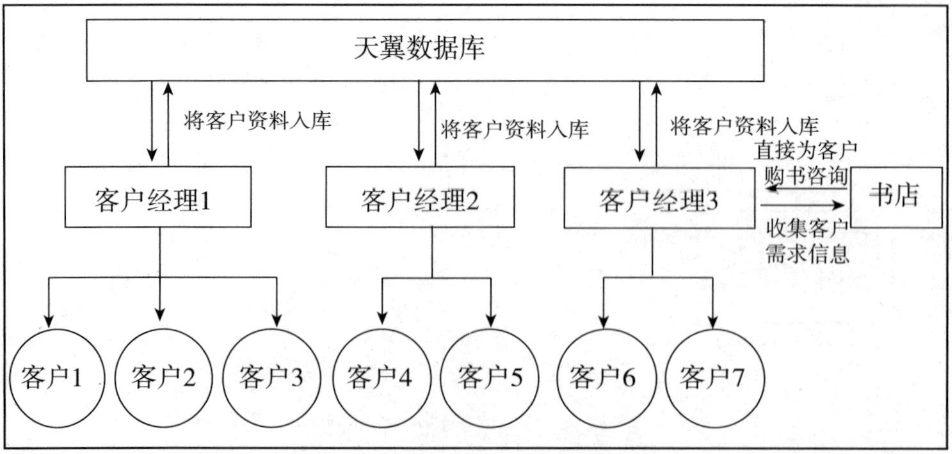

图5-6 天翼商业模式创新示意图

（4）一站式个性化服务。天翼图书成了中国首家专向企事业和教育机构提供从中英文图书资讯—度身筛选—购买—配送的一站式个性化的图书服务公司。

天翼图书李月庆的评价十分经典：传统卖书，就是蚂蚁搬家，把书从A点搬到B点就可以了，只是一种空间的转换。而天翼则不同，天翼提供了增值的服务，所以别的书商拼命打折，而天翼则还要收取10%的服务费，但图书仍能够快速脱销。

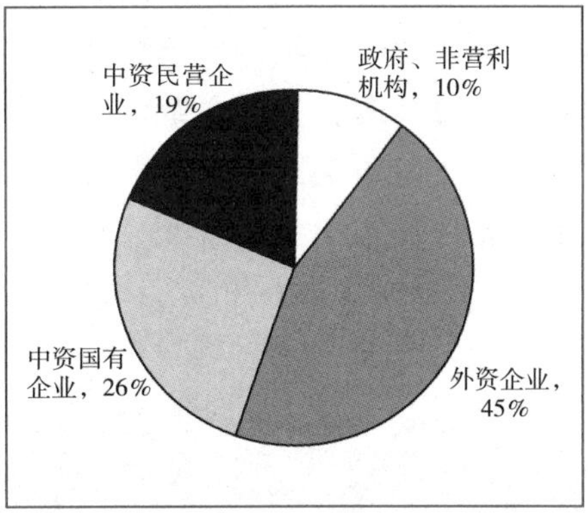

图 5-7 天翼图书会员公司构成（单位：%）

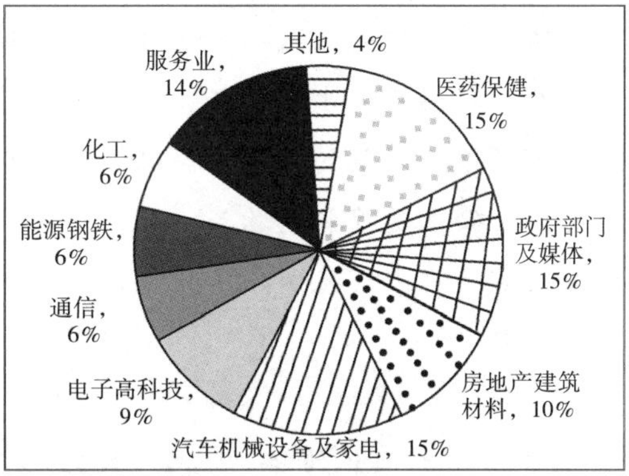

图 5-8 天翼图书会员行业分布（单位：%）

案例分析：以物换物的互联网"伪逻辑"

中国有80%的行业产能过剩，供过于求。比如钢铁、石油化工和化纤工业产成品的库存同比增长超过30%。因此，有些公司试图通过互联网平台，让企业通过"以物换物"的方式实现流通价值。

这个创意来自于美国一个"曲别针换别墅"的故事。有一个名叫麦克唐纳的美国年轻人有一枚特大号的红色曲别针，是一件难得的艺术品，他用这枚曲别针换取了一支鱼形钢笔。之后，他又用钢笔换了一个绘有笑脸的陶瓷门把手，又将陶瓷门把手变成了烤炉。一个月后，美国加州的一名军官要了这个烤炉，并给了麦克唐纳一个发电机。他用这个发电机换了一个具有多年历史的百威啤酒桶，而后加拿大一名电台播音员相中了这个古典酒桶，用一辆旧的雪地汽车交换了酒桶。随后雪地车变成了敞篷车，麦克唐纳随即转手给了一位音乐家，得到了工作室录制唱片的一份合同。不久，麦克唐纳把这个机会给了一名落魄的歌手，歌手感激涕零地给了他一栋双层别墅一年的居住权！

暂且不说这种模式的真假，就算这个故事是真的，也不具备通过互联网的可复制性，因为以物换物的逻辑并不是建立在企业精准需求之上的。一方面，大家在以物易物的过程中还是喜欢硬通货，比如粮食、石油、煤炭等资源类商品会比较受欢迎，而一些工业领域内的成品与半成品，交换起来要困难一些，产品不够丰富的话，交换会很难真正畅通起来。另一方面，在国家金融市场逐渐规范的前提下，必然还是会以货币交易为主，企业真正的需求是货币，而不是换取的物品。就算这种交易存在，也属于偶然因素，而不是企业经常性的必然选择，没有哪家企业会经常性地将自己的产品过剩。

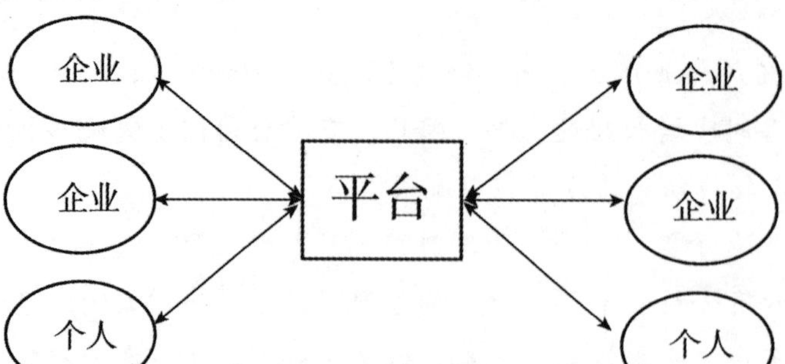

图 5-9 以物换物交易平台

不成功的企业都是建立在伪逻辑之上的，伪逻辑的前提是建立在一个“不成立的前提”或者是“假前提”下。正确的经营逻辑是建立在客户价值实现和客户未被满足的精准需求的前提之下。“以物换物”就是错误地认为所有企业都想“换物”，而这种假设根本不存在。

深度思考：商业模式设计逻辑

序号	问题	内容	思考答案
1	市场定位	你企业目标客户是谁？	
2	价值满足	如何对接目标客户的需求？	
3	营销渠道	用什么方式接触目标客户？	
4	战略规划	未来价值实现有无合理性？	
5	资源整合	实现企业价值缺少什么？	
6	盈利模式	有多少种盈利来源？	
7	成本结构	如何支撑经营？	

第六章

基于平台的战略重构与开放式创新

第一节　平台战略

一、什么是平台战略

互联网时代，企业都开始倾向于构建平台战略。所谓平台战略就是以客户价值为核心，构建关联多方业务主体的生态经营系统，而在平台上业务单元之间会产生协同效应，并且每个业务单元都会获得自己的价值增值。

在这个以平台为中心的企业战略中，平台的业务参与者越多，平台就越具有价值。打个比方来说：搜索引擎的人越多，百度越有价值；开网店的人越多，阿里巴巴越有价值；用微信的人越多，腾讯越有价值。

苹果构建了一个围绕顾客移动互联生活方式的平台。首先是软硬件一体化的终端设备，围绕着顾客生活方式的系列化，各个产品之间有强烈的互补性，iPod、iPhone、iPad、iMac，再用 iCloud 把这些终端产品全都串联起来，

使得终端和终端设备之间能非常方便地进行信息共享。然后再应用软件平台，使云端的内容整合。

再如还有，苏宁、国美构建的实体店营销渠道平台，亚马孙、淘宝、京东构建

的连接买家和卖家的互联网营销平台，世纪佳缘、珍爱网、百合网构建的婚恋中介平台等。

对于企业而言，平台上往往出现规模收益递增现象，强者可以掌控全局，赢者通吃，而弱者只能瓜分残羹。在全球最大的100家公司中，有60家公司的大部分收入均来自平台战略。其中包括苹果、思科、谷歌、微软、日本电报电话公司、时代华纳、UPS及沃达丰等著名公司。在中国，诸如淘宝、百度、腾讯、人人网、上证交易所，以及盛大游戏等公司，同样也透过平台商业模式获利并持续扩大市场版图。十多年前的百度还以搜索为主营业务，而今天的百度已经发展成集搜索、推广、导航、社区、游戏、娱乐、广告、云计算等业务模式于一体的综合生态互联网平台。平台战略使很多企业在行业中处于霸主地位，如微软曾占据PC操作系统95%的市场占有率，起点中文网占在线出版行业的71%，淘宝占在线购物的70%……

在开放、共享、共赢的经济发展趋势下，平台战略越来越成为企业发展的核心战略。当然，当你的企业如果不具备构建生态型平台实力的时候，那就要思考怎样利用现有的平台。

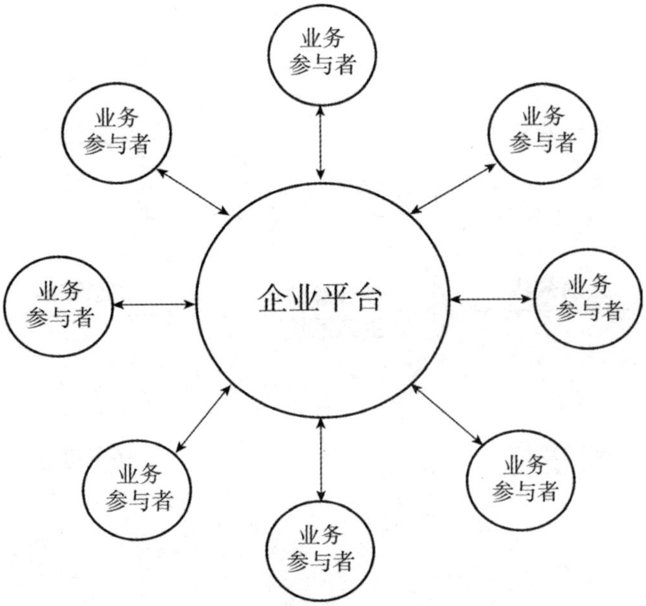

图6-1　企业平台的多方业务参与集合体

二、基于平台战略的生态系统

一个企业如果构建拥有互联网基因的平台战略，就必须具备以下效应：

（1）平台效应。平台吸引业务参与者，形成交易集合。

（2）互动效应。平台上的任何业务参与者的效益都依赖于其他业务参与者的互动规模。

（3）催化效应。任何一方业务参与者的规模增加，都会提升其他业务参与者的边际效益，促使交易量大规模提升。

（4）马太效应。各方业务参与者的价值不断得到提升，将形成强者更强的马太效应。

（5）生态效应。交替量提升促使业务参与者规模再度提升，将会形成更大规模，循环不断，形成持续的生态系统。

（6）颠覆效应。随着业务参与者量级的不断提升，交易将会形成惊人的数量，边际效益不断提升，边际成本不断下降，平台战略将会颠覆传统行业。

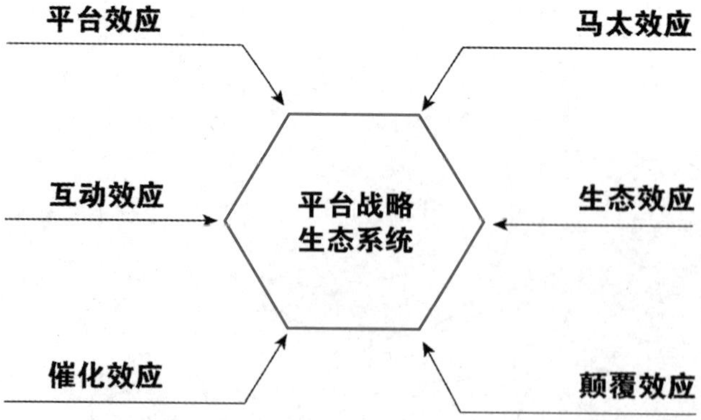

图 6-2　平台战略产生的效应

第二节　战略重构与开放式创新

一、你的企业未来“更封闭”还是“更开放”

互联网时代，一切都是开放的。供给是开放的，需求也是开放的，战略是开放的，平台也是开放的。随着竞争的加剧，企业若依靠内部自我创新的方式，不但会使成本过高，并且很难适应市场的快速变化，这种自我封闭的创新方式已经成为企业发展的障碍。

互联网时代，开放式创新战略逐渐成为企业创新的主导模式。企业应把外部创意和外部市场化渠道的作用上升到和封闭式创新模式下的内部创意以及内部市场化渠道同样重要的地位，均衡协调内部和外部的资源进行创新，不仅仅把创新的目标寄托在传统的产品经营上，还应积极寻找外部的合资、技术特许、委外研究、技术合伙、战略联盟或者风险投资等合适的商业模式，尽快地把创新思想变为现实产品与利润。

开放式创新是各种创新要素互动、整合、协同的动态过程，这要求企业与所有的利益相关者之间建立紧密联系，以实现创新要素在不同企业、个体之间的共享，构建创新要素的整合、共享和创新的网络体系。

开放式创新不是一个新词，但要做到开放并不是一件容易的事情，这意味着公司内外的界限将会变得越来越模糊。而企业的边界则是由交易成本决定的。人与人在进行交易的时候，有两种可以选择的制度：一种是市场制度，另一种是企业制度。

在使用市场制度时，人们通过签订契约来进行交易，签订契约所耗费的时间和精力就是市场制度的交易成本；在使用企业制度时，企业家通过自己的经验和直觉对生产要素进行组织生产，因为企业内部没有价格机制，所以企业家并不总能以最有效率的方式配置资源，这部分损失的效率，就是企业制度的交易成本。

现实中，人们对企业和市场的选择就在这两个极端之间不断游动，这两种交易成本的大小，决定了人们采用何种交易制度是最适合的，也决定了企业是应该“更封闭”还是“更开放”。

二、互联网时代，企业战略重构的三大方向

进入互联网时代，企业的战略必须进行重新构建才能应对新兴市场的竞争。企业战略重构有三个方向：

（1）转变商业模式。这种创新首先专注于配置资产、能力和价值链上的其他要素，以求用差异化的方式服务客户并获得利润。即使是主要销售硬件设备的企业，如通用电气和江森自控也发现按量付费的设备租用模式能产生真正的价值。商业模式转变首先从框架的左边开始（包括盈利模式、网络、结构和流程的创新），然后不断向右移动，添加需要为商业模式增效的补充项目。

创新的商业模式能在任何情况下取得成功，在以下领域的效果尤为突出，如汽车业、重工业等资产密集型产业和医疗保健、航天航空等高度管制产业。

（2）转变平台。企业经常以它的产品作为中心，并不断地为其增加特性或功能，却很少有其他措施。平台驱动的创新关注对能力、产品和服务的重新使用、重新组合或是发现新的关系，为客户提供全新的价值。开发这种

全新的平台模式首先要从框架的中间开始（包括流程、产品表现、产品系统以及服务的创新），整合这几类创新以创建一个坚实的基础，然后不断向框架的两端延伸，添加其他种类的创新以帮助平台发挥作用。

卓越的平台能帮助客户化繁为简，当通过连接不同群体、能力和产品，发现新的机遇，帮助客户解决挑战时，这种平台创新是最富有成效的。当发现客户很难将产品或服务整合在一起，并需要减少工作的复杂性时，需要考虑是否该建立一个新的平台。

（3）转变客户体验。这种创新首先是以独特的方式连接、服务和吸引客户，改变他们与企业和产品之间的互动。这种转变要从框架的右边开始（包括渠道、品牌以及客户的互动），然后不断往左边移动添加新的创新种类使客户体验发挥作用。

当某个品类竞争过于激烈、陈腐守旧或是过于复杂时，提供卓越的用户体验就是不可或缺的。用户体验在面对高度互联的客户群时特别重要，因为关于任何客户体验的好坏消息都能像野火一样迅速传播开来。用户体验创新适用于任何行业，包括守旧的 B2B 领域。

三、互联网时代，企业开放式创新的五大基因

在一个商业环境加速变化的时代，商业思想的进化超乎人们的想象。商业实践正在跨越血腥红海、零和博弈甚至负和博弈的割据竞争时代，走向寻求共赢策略的开放合作时代。三十多年来，中国社会经济的快速发展源于改革开放的伟大决策。而在当今互联网时代，形成开放思维、建立开放生态也是企业实现可持续发展的核心战略。

事实上，许多卓越的企业家已经明确感受到了互联网时代商业社会的演变趋势，提出并践行了企业的开放创新。张瑞敏曾说海尔追求的目标是“企业无边界、管理无领导、供应链无尺度”。互联网时代的商业社会，不同行业、不同企业在理念和实务上都需要创新思维，更为明显的是，企业的开放生态系统需要一些共同的战略重构和基因排列。

（1）全方位合作的思维。企业在建立开放的生态系统时，需要树立“全方位开放”的观念，既要对外开放，也要对内开放。比如与产业链上下游的合作、与竞争对手的合作等。

（2）无边界式寻求外部资源接入。企业的内外部全方位开放在程度上是有区别的。在互联网时代之前，企业只能实现一定程度的内外部开放，企业边界较为清晰；而在互联网时代，企业开放的趋势和极致就是无边界的。

（3）网络化降低交易成本。网络化就是以互联化、去中心、无领导、分散化和社区化等形式将资源紧密整合并有效链接，来最大限度地降低交易成本、缩短沟通距离。

网络化的组织结构是全方位和无边界的必然结果，同时又与组织扁平化相辅相成。网络化初期表现为外部网络化和内部网络化，而真正成熟的网络化是内外部打通的无边界的网络化。

（4）平台化基础设施构建。平台是一个综合性、中介性的基础设施，能够快速有效地配置资源，满足在平台上运行的各方需求。平台提供了许多不同规格的接口，任何外部资源在符合基本规则和准入条件的情况下，都可以自由接入。就目前的商业实践来看，平台模式至少分为两种类型：业务平台（平台型业务）和企业平台（平台型企业）。

（5）免费化产品/服务圈。在互联网时代，开放战略的另一个重要特征就是越来越多的免费化。免费作为一种商业模式，代表着数字化网络时代的商业未来。越来越多的企业不再苛求所有业务的盈利性，而是着眼于在更大的商业循环中获取收益，并基于此提供越来越多的免费产品。

四、互联网时代的企业：无边界、网络化、平台化、免费化

中国的企业已经非常善于以低成本的方式进行竞争，中国企业在成本方面的固有优势和以低成本方式为主的竞争手段，已使得在某些行业在中国的产品价格决定了其在全球的价格。正如波特指出的那样，成本领先战略的主要风险之一来自后来者的模仿。而出于种种原因，中国企业目前大多处在

全球产业价值链中附加价值比较低的制造环节，企业的模仿者过多，产品与服务过于同质化，从而形成无奈的竞争格局。

因此，以内部导向、基于低成本竞争的战略已经无法使企业保持竞争活力，企业在把握客户的核心需求之后，将内外部进行系统开放，使各个环节开放给更多的合作伙伴，建立开放式思维，形成开放式创新的平台。

加里·哈默尔是Strategos公司的企业创始人暨创办人，也是前伦敦商学院战略及国际管理教授。他是战略管理学思想研究的最前沿大师，被《经济学家》誉为“世界一流的战略大师”。

1990年，加里·哈默尔和普拉哈拉德在《哈佛商业评论》上发表《企业的核心能力》。他们认为和顾客所需要的最终产品不同，核心产品是企业最基本的核心零部件，而核心竞争力实际上是隐含在核心产品中的知识和技能。从这个意义上说，企业的核心竞争力实际上是企业保持竞争优势的源泉，但是如何将这种核心竞争力转化为竞争优势，则需要一定的条件。

在两人合著的《竞争大未来》中，哈默尔指出，企业必须打破旧有的思想框架，以积极开放的胸怀去思考、接受不同的经营架构，把握未来趋势、建立战略架构、组织核心能力，从而在创新中掌握竞争优势。

无边界、网络化、平台化、免费化将是互联网时代企业发展的显著特点。

“中国企业基于低成本的竞争优势根本构不成商业模式，中国企业要获得真正的竞争力，迟早要转向对商业模式创新的关注！”

——哈佛商学院教授　克莱顿·克里斯坦森

小案例：苹果 App Store 开放创新

苹果手机的应用软件并不是来自苹果公司的设计，而是来自开放整合，苹果公司利用其平台，整合了下游若干软件商。

只要你有能力，就可将自动研发的程序放在苹果商店 App Store 进行销售，每被下载一次就可获得一定收入（价格由程序设计者来定，可以定价 0.99 美元或者更高，或者免费），设计者拿 60%～70%，苹果公司分得 30%～40%。

苹果商店还提供用来设计小程序的软件包 SDK，售价为：标准版 99 美元，企业版 299 美元。

苹果 App Store 上线以来，应用 App 达到 150 万款，其中专为 iPad 设计的应用为 50 万款。

App Store 的下载量已经突破 850 亿次，苹果商店的应用下载收入是其他所有平台的 5 倍。

例如，游戏《糖果粉碎传奇》于 2012 年 11 月问世，目前已经收获了 5 亿多次下载量，玩家所进行的总游戏数则超过了 1500 亿次，用户平均每天下载的 iTunes 音乐的数量就达 2000 万首。

苹果 CEO 库克表示，截至目前，苹果已经通过 App 下载获得 200 多亿美元的收入。仅向开发者分成就达到 100 亿美元。

小案例：宝洁“C+D”开放研发

宝洁通过调查发现，公司投入了15亿美元的研发资金，研制出了2.7万项专利，但却仅有10%用在了宝洁产品上。

内部大量的研发因美元配套的战略规划而成了负担。宝洁过去的研发是闭门造车，研发后才转发产品给消费者，而其实应该是根据消费者的需求研发生产产品。

2007年宝洁建立了“C+D”（联系+研发）英文网站，遍布全球的研发人员可以向宝洁提交研发建议，并在两个月内得到答复。

由于从外部引入了更多的高端产品和技术思想，网站上线1年半就收到了来自世界各地的创新研发建议3700多个。宝洁公司的研发投入占销售额的比例从3.1%降低到2.6%，但宝洁公司的研发成功率却提高了85%。

小案例： 没有资源和市场的国家是如何生存的

新加坡面积只有716平方公里，没有省、市、县镇等众多行政单位之分，整个国家是一座城市，却是世界上领先的国际金融中心和旅游中心。

小案例： 以色列是纳斯达克上市的全球第三国家

只有800万人口的以色列（其中犹太人占601万人，主要来自犹太人族群，也是世界上唯一以犹太人为主体的国家）因国内市场规模过小，企业从一出世就不得不面向全球市场，并且因为缺乏资源，企业经营也不得不面向高科技产业。也就是说，以色列在市场和资源都缺乏的背景下，企业从出生那天起就加入了全球竞争最为激烈的高科技市场，结果使以色列成为纳斯达克上市的全球第三大国。

小案例：向犹太人学习

有人讲过这样一个关于犹太人和中国人的故事。犹太人在一个地方开了一个加油站，生意特别好，然后第二个犹太人开了一个餐厅，第三个犹太人就开了一个超市，这片区域就繁华起来了。中国人开了一个加油站生意特别好，第二个中国人也开了加油站，第三个、第四个还是开加油站……长此以往，出现了恶性竞争，最后大家都无法生存。

占世界人口0.3%的犹太人却掌握了全球36%的财富，福布斯美国富豪榜前40名中有18名是犹太人。“股神”巴菲特、“金融大鳄”索罗斯、高盛、雷曼兄弟、谷歌、英特尔公司的创建人都是犹太人。

伟大的科学家爱因斯坦、思想家马克思、哲学家弗洛伊德都是犹太人，他们所创造的理论体系分别代表了人类在自然科学、社会科学、心理学领域的最高峰。

在科学技术领域，犹太人大卫·舒华兹发明了宇宙飞船，亨利－裴纳发明了直升机，还有伟大的氢弹之父特勒、化学名家赖希施泰、免疫系统奠基人埃尔利希均是犹太人。

在文学艺术方面，犹太人种的文艺家也多如繁星，如世界著名画师毕加索、音乐大师马勒、女作家米林、魔术大师霍迪尼、表演大师卓别林。

在诺贝尔奖领域中犹太人也获得了惊人的成绩，获奖累计已达170多人，其中生理医学奖50多人、物理学奖40多人、化学奖30多人、经济学奖20多人、文学奖10人、和平奖近10人。

第三节　整合资源

一、你的企业是“农夫式创新”还是“厨师式创新”

随着互联网、科技及信息的不断发展，企业可以进行全球资源整合。对于创新的理解已经不再拘泥于技术进步和产品研发，我们把“整合”也看作一种创新，因为整合同样能够创造更大的价值。

人们常把“农夫式创新”和“厨师式创新”比喻为创新的两种类型。农夫式的农产品是“从无到有”的生产过程，厨师式的菜肴则是“从有到好”的整合过程。因此，两种创新都有价值。

很多企业的发展都是建立在整合之上的，比如腾讯进军一个新的业务领域，首先会进行内部研发，如果研发不行就直接挖操作团队，再跟不上速度就直接整合收购企业。

互联网时代，很多企业建立了跨国网上采购合作伙伴关系，这成为资本集中型产业最新的发展趋势。整合采购的目的就是要借助网络提供的低成本、高速度的流通信息，降低操作成本、鼓励供应商之间的价格竞争。此前，航空和石油行业的一些主要大公司已先后建立了这种合作模式。

星际联盟公司整合了罗夫桑萨公司、联合航空公司、加拿大航空公司、斯堪的纳维亚航空公司、维珍航空公司、泰国航空公司、新西兰航空公司、澳大利亚航空公司，建立了全球性的大型合作关系，使得旅行者在全球800个地方的旅行活动有着天衣无缝的对接。

整合也是一种创新。这是一个整合的时代，各企业不仅是对手更是合作伙伴。网络的兴起打破了时间、空间和地域的界限，为企业全方位的资源整合提供了条件。企业的竞争不能局限于自身的能力塑造，应该变换思维，不应有什么就去做什么，而是应能整合什么才去做什么。通过各种不同的整合手段形成一种生态系统，优化资源配置，相互依存进而发展壮大，使得企业整体价值最大化或者整体成本最小化。

全球化不是让企业分布在全球，而是在经营过程中以全球化的视野和格局看问题，立足国内却能撬动和整合全球资源。

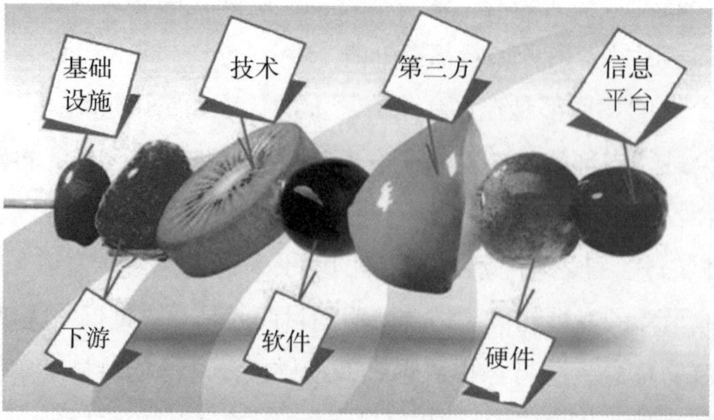

农夫式创新：从无到有

厨师式创新：从有到好

二、企业整合创新的三种方式

我们将企业的整合分为三种方式。

一是纵向整合。纵向整合指整个产业链上下游之间进行的整合。公司实施纵向整合的目的是控制某种资源，获得稳定渠道。例如，收购上游原料供应商来稳定价格、保障供应；收购下游零售企业来拥有渠道、扩大销售。纵向整合的发起者通常已经在行业内处于领先位置，在整个产业链上地位突出。纵向整合是把不同的资源看作位于价值链上的不同环节，强调的是每个企业要找准自己的位置，做有比较优势的事情，并协调各个环节的不同工作，共同创造价值链的最大化价值。企业如果进行纵向整合，必须审视自己在整个价值链上处于什么位置，这个位置是否有利于发展，如果没有相对优势，那么应该整合哪些具有相对优势的资源和环节，以及怎样整合这些资源或环节才能增加价值。

二是横向整合。横向整合就是公司在价值链的同一层面上获取、整合经营业务。企业集中在价值链中的某一个环节，探讨利用哪些资源，怎样组合这些资源才能最有效地组成这个环节，提高该环节的效用和价值。横向资源整合不仅可以为企业创造更多的收入，而且可以帮助企业降低成本。一般而言，企业可能在某一方面具有核心能力，但是很少有企业在各个方面都具有核心能力。所以，基于不同企业或者不同业务单元各自的核心能力基础之上的整合，就可能为企业提供创造价值或降低成本的机会。比如，可以整合与本企业生产类似产品的业务，以便在产生协同效应的同时，还能够为顾客提供多样化的产品；也可以收购竞争对手，来减弱竞争威胁。上面提到的腾讯整合技术团队就是典型的横向整合。

三是平台整合。与纵向整合、横向整合的思路不同，它考虑的是企业自身作为一个平台，在此基础上整合供应方和需求方的资源，同时增加两方的收益或者降低双方的交易成本，自身也因此获利。比如，携程网整合各类机票、酒店信息资源为顾客服务，从中获得服务利润。再如，阿里巴巴也是扮演信息平台整合的角色，供应商和需求商可以通过它交换信息，互通有无，得到最佳的交易效果。阿里巴巴通过收取服务费而盈利。随着这个平台的影响越来越大，吸引的供应商和需求商越来越多，他们各自的交易对象的选择面会越来越广，交易效益越来越高，阿里巴巴的收益也会随之增加。

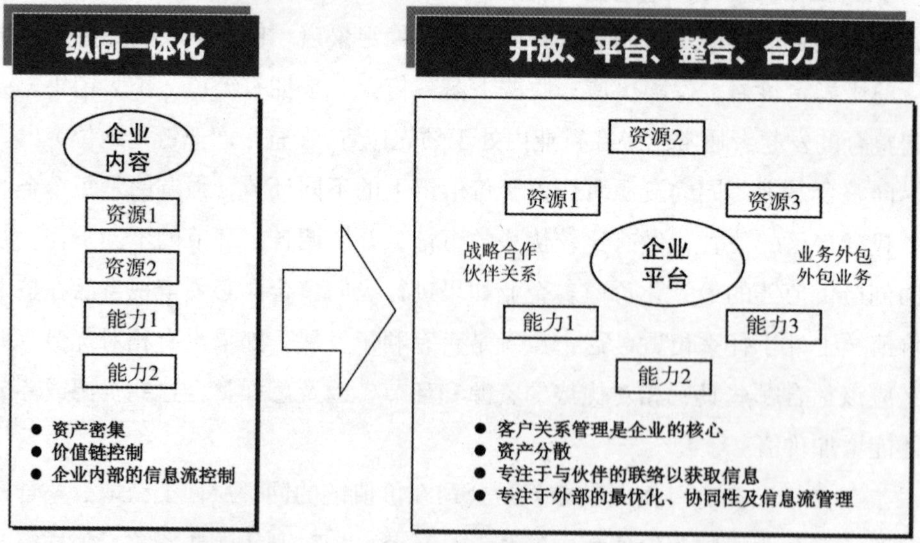

所有工作都由一家企业做：少品种、大批量、规模化

企业内部分工走向企业外部整合：全球范围内实现价值链优化配置

三、乔布斯的创新力

乔布斯说过，创新就是把不同的事物联系起来。有创新力的人知道怎样把自己的经验融会贯通，并尽可能地整合其他人的经验。企业想变得更有创新力，必须注意以下三点：

第一，社会学习很重要。能模仿别人的经验就尽量模仿别人的经验，同时也要从别人的失败中吸取教训，这比自己在黑暗中摸索，把所有的错误再犯一遍要划算。

第二，多样性很重要。如果所有人都说你错，你可能还有一线机会是对的；如果所有人都说你对，那么你很可能离犯大错不远了。尽可能让你的社交网络广泛，让你的团队成员有差异性，最正常的状态应该是一半人说你对，一半人说你错。

第三，逆势操作很重要。站在潮流外的人很可能看得最清楚，他们可能会选择和潮流相反的方向。尽可能多地接触背景不同但各自有智慧的高人，如果你发现在他们中间，有一个相当大的子集已经形成了逆势操作的共识，那么这个判断就很可能是对的。

互联网时代，不是企业有什么就去做什么，而应眼睛向外，企业缺什么才去整合什么！

互联网时代，合作比竞争重要，交流比交易重要，灵活的同伴关系比冰冷的竞争重要。

互联网时代，企业整合的不仅是资产、资本和合作伙伴，更重要的是整合创新的思维和智力资源。因为后两者比前三者更重要！

案例分析：

途家，通过互联网“借房”出租

酒店行业是一个相对饱和的市场，旺季资源稀缺，淡季则入住率低。优质的地段早已被如家、7天等经济型酒店以及一些知名的星级酒店抢占。酒店属于重资产经营，装修、物业、管理等成本极高，可回报周期较长。

目前中国的旅游市场正在爆发式增长，国内旅游市场规模全球排名第一，出境旅游消费量全球排名第一。

一方面是竞争激烈的酒店红海，另一方面是需求旺盛的市场。企业应如何有效对接市场需求，实现自身价值呢？

成立于2011年的途家通过互联网构建了一个资源整合平台，将闲置的房屋与游客需求对接起来，构建了一个全新的商业模式，短短两年便拿到了4亿元人民币的投资。与连锁酒店集团不同，途家并不拥有任何酒店产权，它只是代为管理和租赁。与携程、艺龙等OTA也不同，途家并不单纯做线上酒店预订，它必须对线上3万间房源负责，做好线下房间的管理和入住的服务工作。

中国目前闲置的房子有6500万套之多，有的房子甚至闲置了3～5年。将这些闲置的房子对接给出门旅游的游客就是途家经营的核心。国外收集闲置房屋资源用做假日租赁的公司多不胜数，最大的HomeAway已经在纳斯达克上市，市值30多亿美元。

在美国，成熟的社区都有规范的物业管理公司，房地产中介机构也很发达，业主和租户之间很容易建立信任关系。HomeAway只需要搭建一个在线信息发布和交易平台就行，然后坐收广告费。很显然，在中国这条路走不通——无论是出租房子的还是要租房子的，之间都难以产生足够的信任，交易做不成，广告费也就无从谈起。没有专业的管理公司，没有成熟的平台规范，小而散的个人房源根本不可能满足高品质的度假需求。

因此，途家必须承担起缺失的中间环节：一方面，向业主承诺照看好房子并帮助他们经营，所得收入五五分成；另一方面，途家作为房屋提供者，直接与租房者交易。

途家构建了一个以互联网在线交易为平台，涉及房地产、酒店管理、酒店服务的复杂产业。

途家成功的关键环节如下。

第一个环节是系统。在全国各地找不同的开发商和业主拿几万套形态各异的房源，放在一个互联网平台上供客户选择、预订、下单、支付，要应付接房、退房或换房的各种需求，还要操心业主服务、房源交换还有后台支撑的十几套系统（包括采购系统、服务系统等），最后把这些系统都连起来——这绝不是一般创业者能做到的。创始人罗军把这些事交给了杨孟彤，途家网的 CTO。杨孟彤曾负责微软亚洲地区的搜索业务，她曾在美国创办了在线度假公寓租赁公司 Escapia 并担任 CTO。因为她的系统是度假租赁网站中做得最好的，Escapia 由此被 HomeAway 收购。杨孟彤让途家复杂的业务流程在线上顺利地运行起来，现在途家甚至能通过客人的身份证来打开房门。

第二个环节是房源。这件事没有比罗军自己更适合的人选了，罗军的房地产从业背景让他在各大开发商中如鱼得水，龙湖、万科、万达……中国主要的房地产开发商都和途家有合作，从业主买房、接房时就签下大批优质房源。毕竟，靠一个小区一个业主的模式去收房，成本和扩张速度都不可能达标。

第三个环节是引流。怎么把订单拿进来，把客房卖出去呢？罗军在这个环节上表现得极为大胆，整合了国内最大的 OTA——携程网，用股份置换的方式，换来携程的支持，轻松获得上千万的精准流量导向。

第四个环节是酒店管理。途家做标准化规范，做品质控制，然后各地的房源就交给当地第三方管理公司去做。无论是途家自己收的房源还是第三方管理的房源，只要符合标准，都可以在途家网上线。

第五个环节是客房服务。同样是途家提出服务标准和考核方式，在当地招标服务公司，如果服务质量达不到要求“随时可以更换”。

战线虽长，运营虽复杂，但精确划分之后，把每一个节点都交给最懂行的人去操作，让途家网的商业模式从理论到实践，打造了一个生态系统。

途家如何与成熟的经济型酒店和星级酒店竞争呢？途家面对的目标人群是中高端收入人群、家庭以及团队。

三亚亚龙湾，纯海景独栋别墅，带游泳池和私人庭院，五星级布草，从机场接机直送入住。这样的房间，住一晚上需要1688元。价格并不便宜，但这是别墅，住一家老少10个人不成问题。

成都鹭岛国际，388元一晚，是当地最好的公寓，同样是五星级布草，房间面积绝对大过同价位的酒店，这是套房，你可以住进来自己洗衣做饭。

千岛湖中心五六百平方米的别墅，1个管家24小时服务，冰箱里的依云矿泉水和德国啤酒随便喝，最便宜的时候3000元一晚，按人头算下来一晚也才几百块。

从性价比来看，途家具备了超级优势。

途家如何盈利呢？

对酒店来说，即便淡季只入驻几个客人，空调和通风系统都要开，服务员都要在。途家不同，有客人来的时候，才会派服务员过来，先有收入后发生成本。例如，亚龙湾的一套小别墅，1500元一天，跟业主五五分成每方拿

750 元。途家几乎不产生任何成本。

途家虽然不提供客房餐饮服务，但每个房间都有一张手绘地图，是每间房的标准配置，周边几公里内的全部信息——餐饮、休闲、药房、交通，一应俱全。特别是移动互联网的应用，使得客人寻找餐饮休闲场所更加便利。

途家的房源有很多种，主要是分成模式（当有客人入住时与业主分成收入）和包租模式（途家事先向业主支付一定期限内的租金，然后将房间租赁给客人），模式不同，入住率也不同。途家网的盈利点不在于入住率，而在于房源数量和度假租赁市场的成熟度。

途家 2011 年成立，2013 年已整合了全国 66 个城市、3 万间客房，年营收达到 1 亿元人民币，两年内已经拿到了两轮 4 亿元人民币的融资。目前，途家之所以还不敢大规模上广告和宣传推广，就是因为房源不够。罗军预计，当房源数量提高到 40 万套时，途家的价值将真正体现出来。美国目前度假租赁市场在整体酒店市场中的份额是 37%，而中国还不到 3.7%，未来度假租赁市场前景广阔。

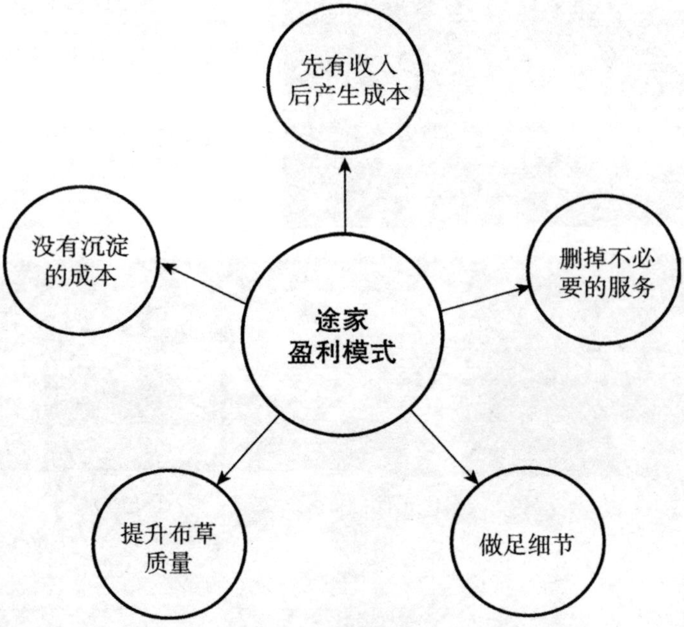

图 6-3　途家盈利模式

中国的旅游市场呈爆发式增长，
国内旅游市场规模全球排名第一，
出境旅游消费量全球排名第一。

有大量的人需要度假酒店，

但是各处旅游点的好酒店资源极少，且价格极高。

景区酒店经常爆满，客人无法入住。

酒店行业是一个相对饱和的市场，淡季入住率低，旺季则资源稀缺。

优质的地段早已被如家、7天等经济型酒店以及本地的星级酒店抢占。

酒店属于重资产经营，装修、物业、管理等成本极高。

据官方的数据，目前中国的闲置房屋是6500万套，很多房子闲置3～5年。

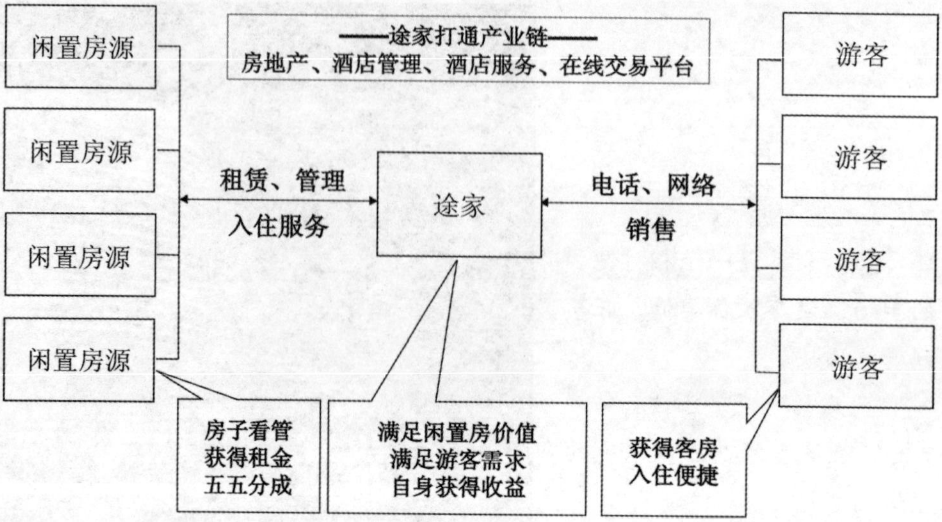

图 6-4　途家创新的中国旅游酒店模式

深度思考：构建企业平台

序号	问　　题	思考答案
1	你的企业如何构建平台？	
2	你的企业中有哪些资源可以整合？	
3	你的企业有哪些业务可以外包？	
4	你的企业进行开放式创新的核心基因是什么？	

第七章

无边界竞争

第一节 打破企业边界重构战略

一、互联网正在重塑企业边界

在竞争过度的今天，企业如果想要持续发展就必须保持不断创新，而传统行业的竞争基本饱和，企业若想获得发展空间就必须转向边界之外进行创新。以福特、通用、丰田等为代表的老牌汽车，拥有全球将近90%的市场份额，行业内部上升空间极为狭小，如果继续创新就必须转向行业之外的新能源领域，可惜的是获得这一突破的不是边界内的企业，而是边界之外的特斯拉。

有人说互联网重塑了企业边界，其实科技的发展、信息化的畅通都是导致企业边界重塑的根本。在互联网时代，企业的市场也无边界地延伸到了全球各个领域。苹果在2004年花费1.5亿美元研发的iPhone手机，上市后第一代手机就卖掉了610万台，iPhone是创新产品的成功，更是以全球无边界的市场作为基础的成功案例。

纽约理工大学商学院的刘贤方院长曾经说过："历史上一些革命性的技术进步，大多来自于极少数天才人物的创新。可是，一个行业随着发展逐步迈入成熟期后，重大的技术发明也就越来越鲜见，因为技术和产品都很完善了，且因为前人的努力，几乎所有可以挖潜力的新路子都已被探索过，再要创新很难。所以，重大突破往往产生于跨行业的整合——或技术或其他资源。"

经济全球化的发展推动了知识的进步，知识的进步又推动了人们思维意识的变化，人们思维意识的变化会促进各种现有事物的结合。人的需求无边界，企业发展自然无边界。去掉企业边界，进行无边界竞争战略将是企业胜出的唯一路径。

二、企业竞争的四种类型

如果不想竞争，那就去垄断这个行业，但实际上是不可能做到的。如今各个行业都充斥着从全球各地而来的竞争者，企业进行战略制定时也必须深刻意识到，不是你想做什么就能做什么，而是取决于竞争对手能让你做什么。因此，企业在制定战略时，不得不重新定位竞争对手，重新划分竞争范围。从市场的角度来看，企业的竞争对手有四种类型：

一是现有竞争者。指本行业内现有的与企业生产同样产品的其他厂家，这些厂家是企业的直接竞争者。

二是潜在竞争者。当某一行业前景乐观、有利可图时，会引来新的竞争企业，使该行业增加新的生产能力，并要求重新瓜分市场份额和主要资源。另外，某些多元化经营的大型企业还经常利用其资源优势从一个行业侵入另一个行业。新企业的加入，将可能导致产品价格下降，利润减少。

三是替代品竞争者。与某一产品具有相同功能、能满足同一需求的不同性质的其他产品，属于替代品。随着科学技术的发展，替代品将越来越多，某一行业的所有企业都将面临与生产替代品的其他行业的企业进行竞争。

四是跨界竞争者。这类企业是互联网时代的产物，在互联网、技术及信息的应用下，这类企业可以延伸至任何领域。比如，小米手机跨界竞争电视、农业、智能家居行业，阿里巴巴延伸至金融领域引起银行界恐慌。一句话，哪里有高毛利，巨头就毫不犹豫地跨界竞争。

三、打破边界重构战略导图

《竞争战略》的作者迈克尔·波特认为，公司要获得竞争优势的方法就是遵循以下战略来进行发展：一是差异化战略，就是你的企业提供与众不同的产品，获取溢价，这对于快消费品企业非常实用，比如宝洁、娃哈哈的产品都是差异化竞争的表现；二是总成本领先战略，总成本领先战略要求企业优化产品效率，以低于竞争对手的价格销售，获得利润，企业在保障产品品质的同时，运用新技术提升劳动效率、消除浪费，获得最高性价比的成本，这适用于很多生产制造企业；三是集中化战略，企业将重点放在针对某一细分市场提供卓越的服务来获得赢利。

迈克尔·波特强调，企业的竞争战略只能采取其中一条（要么差异化、要么总成本领先、要么集中化）才可以胜出，不可能同时采取差异化、总成本领先、集中化三种战略中的两种或三种，因为成本领先战略要求的是企业拼命缩减成本，而产品差异化战略追求的是让企业不计成本地使产品差异化。

然而，互联网时代的竞争规则完全改变了迈克尔·波特的战略，一家企业可以同时做到以上三点。企业自诞生之日起就做到了质量更优、价格更低、定制化程度更高。这一切得益于新技术的诞生、信息传播速度的加快、大数

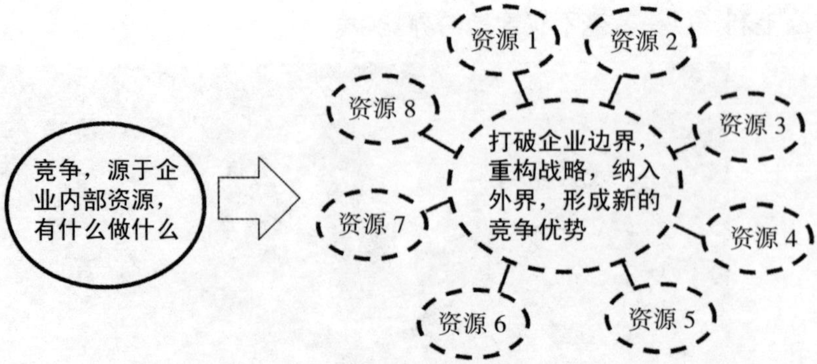

图 7-1 重构战略

据的采集以及云计算的应用。

过去，企业的竞争力更多地体现在产品力上，谁的企业能够提供物美价廉的产品，谁就能够在市场竞争中获得胜利。进入到互联网时代，信息可以无障碍地流通于企业内外，消费者能够以更广泛的角度和更快捷的方式了解企业的信息，彼此跨越地域和时间的隔离，频繁地对企业和产品进行评价互动，对企业产生了前所未有的影响力。

因此，在互联网时代，企业对内部的组织管理也需要打破边界和壁垒，颠覆传统的组织架构和管理流程，使资源配置效率最大化。

四、无边界竞争的内涵

什么是竞争？竞争就是让你的企业在产业或市场中寻找一个有利的位置，构建优于竞争对手的经营能力，你企业的目标客户提供更大的价值。互联网时代的无边界竞争就是打破客户边界、需求边界、行业边界、产业链边界，每一个被打破的边界都可能成为推动战略重构与商业模式创新的主导因素，而一旦其中一个因素发生了变化，其他的因素也应该进行相应的调整与之匹配。

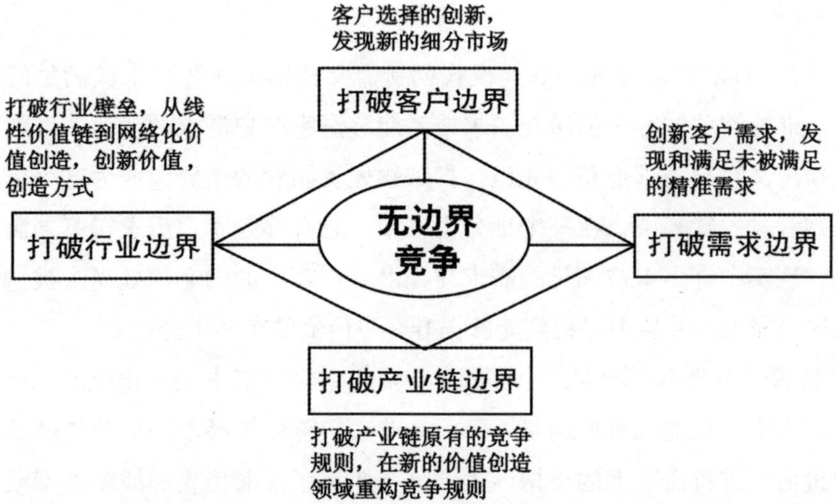

图 7-2　打破边界

战略重构与商业模式创新的过程实际上是企业寻求一种新的价值创新和价值整合的过程。企业商业模式创新意味着发掘出新的市场需求、创造出新的消费群体、创造出新的盈利模式、开发出新的产品、提供新的服务。商业模式创新让我们得出这样的结论——做正确的事远比把事做正确更重要。

（1）打破客户边界。企业为寻求长足发展而不断进行价值创新，但越创新疑惑却越多——为什么我们的客户越来越难维持？潜在客户越来越难寻找？为什么我们的企业突破了产品的针对性，市场细分却多如牛毛？这些问题是值得我们的企业家去认真思考的。而思考的必然结果之一是“打破客户边界”。打破客户边界要求我们在思维上打破传统的客户边界勘定原则，打破现有客户和非客户间固有的关注要素，从而重新审视我们的产品和服务。

如何打破客户边界呢？我们可以跳出固有的客户选择标准，争取未被满足需求的潜在客户和平时不在我们视野中的客户，从这些客户中我们分析并找出最小限度购买或考虑购买的客户，在消费导向上引导、教育并培养他们。同时关注客户对需求的不同或变化，扩大寻找客户的范围。我们还必须降低或放弃与对手在红海的血腥竞争，在传统非客户上做文章，延伸或开辟新需求、寻找新客户。只要跳出现有客户，把原来非客户转变为客户，企业就会海阔天空。

（2）打破需求边界。商业模式创新需要特别关注客户未被满足的精准需求。谁能够关注客户的潜在需求或者能够洞悉客户需求的变化，谁就可以在重新定义客户需求上获得先机，打破领先者制胜的格局，成为这个市场新的领跑者。一般来说，在某个细分市场中，总有部分客户需求得不到满足。但是，现实中许多未被满足的需求往往潜藏在客户的内心深处尚未被觉察。明确这些需求，并从中寻找到能够提升客户价值的东西十分重要。

当然，企业不可能满足全部的客户需求。客户需求是无止境的，全部满足也不现实，只能部分地满足。因此企业必须首先选择不同战略族群的关键客户价值，进行需求上的重构。大部分企业都用普遍接受的战略类型或业务类型进行竞争的分类，并努力在对应的族群里做到最好。通过选择不同战略族群的关键客户价值来重新构建需求，可以使企业避免竞争中的利润消耗，开辟蓝海。其次要改变行业原有诉求点，在功能和情感中转换。谎言重复一万遍也可能变为真理，但企业诉求最终无法代表客户诉求，谁打破旧诉求的竞争，谁就会第一个赢得新客户、创造新利润。概括地讲，我们不要只在看得见的冰山一角上重复过度地竞争，而应该率先深入到看不见的冰山之基做收获者。只要延伸需求内涵，把原来忽视的最重要的需求挖掘出来，立刻能让最强的竞争对手自废武功。

（3）打破行业边界。《变者生存》的作者曾涛在这方面研究颇深，他说：我们多数企业都是在被行业先驱者已经死死划分的藩土中进行着激烈的竞争，由于竞争的作用促使行业越来越成熟，随着产业竞争的逐渐升级，产业中各个要素方面的竞争差距会以“回归”的走势逐渐缩小，所有的企业进入了深度同质化阶段，微利时代临近，全行业开始面临着重新洗牌。

在同产业中，企业塑造竞争优势，往往要以行业关键成功要素为导向。譬如，在成熟的产业中，成本优势往往是行业成功的关键要素，这意味着行业中的企业以及潜在的进入者，都会将这一要素作为衡量企业自身在产业中竞争地位的关键考量因素。换言之，同质化竞争是企业竞争无法逾越的樊篱，产业边界限制则是上述怪圈得以形成的症结所在。而且一些实力较小的企业跟随标杆，步人后尘，在逻辑上是难以找到“后来居上，以小搏大”的路线的。这就必然会成为马太效应的催化剂，使得处于弱势地位的中小企业面临更加不合理、不公平的境遇。一言以蔽之，不能突破产业边界值的樊篱，是很多企业难以有所突破的根本所在。

（4）打破产业价值链边界。竞争战略大师迈克尔·波特曾经指出，价值链的各个环节对于利润贡献是不一样的，企业应将自已摆放在最有利的市场地位，掌握关键资源、关键能力，以获得更多的利润。

创新的商业模式必然会突破原有的产业价值链，在整条产业价值链上处于主导地位，而非被动地成为产业链分工的接受者。在互联网时代，拥有开放的平台以及较强的资源整合能力的企业，在价值链上必然是具有较强话语权的。

近年来，部分加工类企业向价值链的前端（如研发、设计等环节），以及价值链的后端（如渠道、服务等环节）延伸，也是协作模式创新的主要形式。随着互联网化和全球化的发展，采用协作模式创新将成为商业模式创新的主要类型。第一章中提到的思科就是利用网络搭建平台，使外部的设计者、供货商看起来就像是自己的一个部门。

当然，商业模式创新要兼顾产业链上下游的盈利，只有产业链上下游盈利，才能够保证这个产业有效发展。

在实践中，商业模式创新可能是其中一种，也可能是几种方式的有效融合。

重要的一点是，商业模式创新必须同时考虑平台或者价值链上的各个业务单元的价值实现。如果有一方得不到价值实现，这个商业模式创新就是失败的。

总之，在“互联网+商业模式创新”的企业取得成功后，很多企业发现，不局限于产品创新和技术创新，也能取得商业的成功。于是，更多眼光超前的企业将精力转向探索可应用的新的商业模式，并积极探讨如何创新商业模式。依靠产品创新与技术创新的时代已一去不复返了，只有依靠商业模式的创新，依靠互联网、新技术的应用，对企业发展的逻辑重新进行设计，才是中国企业转型的有效路径。

互联网时代，企业的任务不是生产产品、卖掉产品、满足顾客需求，而是选择有益于公司成长的市场，找到目标顾客并创造顾客价值，以此提升企业的生存与竞争能力。

互联网时代的商业模式创新，就是利用高效率来替代低效率，对传统产业的核心要素重新再分配、重构生产关系，以此提升生产力、提升整体运营效率。

因为互联网可以打通信息壁垒、减少中间环节、减少不必要损耗，以此来提升整个价值链或整个平台运营的高效性。

马化腾曾说过：“互联网在跨界进入其他领域的时候，思考的都是如何才能够将原来传统行业链条的利益分配模式打破，把原来获取利益最多的一方干掉，这样才能够重新洗牌。”

第二节　跨界融合

一、融合与渗透

互联网、科技及信息的快速发展，如同架起了一座可以畅通于任何行业和企业的桥梁，使得各个行业相互融合、相互渗透。

特别是那些拥有互联网背景的新型企业，我们很难界定它的边界在哪里。以搜索引擎起家的谷歌，在全球搜索市场拥有巨大的优势。可它又是一家广告公司，在广告市场同样拥有绝对的优势。目前，它又延伸到了可穿戴设备、无人驾驶汽车、手机等领域，可以说它又是一家科技公司。苹果以电脑起家，兴盛于智能手机，如今又延伸进入手表行业。

我们正处在一个瞬息万变的环境里，企业的界限已被打破，企业的发展再也无法遵循以前的传统规则，各种新型企业组织的涌现打破了过去传统的战略定律。传统的企业竞争是追求企业定位，只有定位准确，产品才能抢占人们的心智，企业才能胜出。然而今天，这一逻辑失效了，因为企业的发展使其连自己的界限都很难划分清楚，更不用谈定位了。

过去，做企业要强调“专注”、谨慎延伸，对于那些传统的企业而言，“专注”或许是保持企业竞争力的好方法；而在今天新商业环境之下，未来有着太大的不确定性和未知性，过度“专注”将会把自己推向万丈深渊。那些倒下的巨头如诺基亚、柯达、索尼就是太过沉湎于自己的业界内部优势，没有及时把目光转向界外，进行及时转型。传统企业之所以举步维艰、“不识庐山真面目”，是因为“只缘身在此山中”吧。

我们发现颠覆本行业的企业经常来自外部。人们憧憬新能源电动汽车的时候，它的幕后推手不是老牌的福特、通用，也不是以精细管理著称的丰田，而是来自行业之外名不见经传的特斯拉。中国三大电信运营商，属于政府垄断经营企业，屏蔽了同行业竞争者进入，可微信从电信边界之外突起，使得人均短信应用下降了 20%，通话时间下降了 5%。

在新商业时代，诞生了一些新型的企业组织，这些新型企业组织有着共同的特性——跨界融合。

企业之间的竞争跨越了边界之限，市场界限越来越模糊，这些新型的企业大多突破了原有的行业界限，进入了无边界竞争。如果苹果公司不是建立在跨越边界进行技术整合，把电脑技术和思维应用于手机领域，这家公司或许早已不存在，更不要谈它改变了人类的生活方式。

这是一个颠覆创新的竞争时代，其基础便是无边界延伸、跨行业融合。在这个产能过剩的时代，跨越边界进行行业融合，将会激发无限的新创产业和新商业模式，为顾客创造更多、更优价值，为企业创造更多价值，为社会创造更多价值，促进中国企业的经济转型。

二、新产业的兴起与新经济的出现

跨界融合的结果就是促进新产业的兴起和新经济的出现，改变了传统产业的生产与服务方式，促使产品与服务结构升级。企业创新性与灵活性被提升到新的战略高度，创新能力弱、灵活应变性差的企业会以极快的速度被淘汰出局。

在跨界融合之前，企业只在同一行业内部、企业之间处于竞争关系。在跨界融合过程中，原先有固定市场边界的产业相互交叉与渗透，使行业之间由原先非竞争关系转变为竞争关系，使企业改变了竞争范围、扩大了竞争市场。跨界融合使企业竞争与合作关系发生了变革，既相互紧密合作又使得竞争加剧升级，市场已经处于开放式的完全竞争状态。

跨界融合是一种新的产业创新方式，它拓宽了企业发展空间，促使产业结构动态高度化与合理化，进而推进产业结构优化与发展。跨界融合过程中产生的新技术、新产品、新服务在客观上

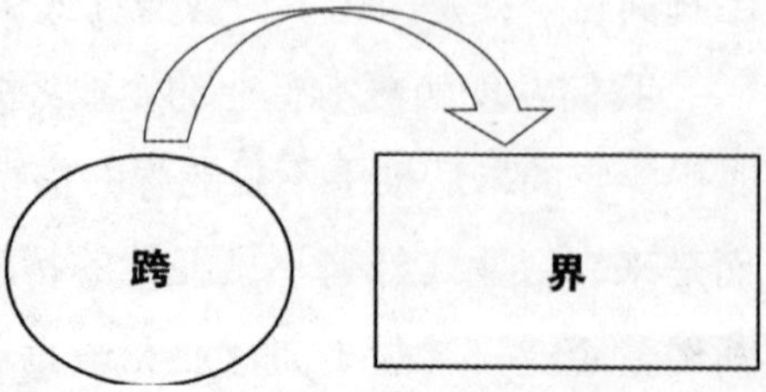

提高了顾客的需求层次，为顾客创造了更多、更方便、更高价值的产品或服务，取代了某些传统技术、产品或服务，使顾客对传统市场的需求逐渐萎缩，对那些传统产业的生存造成了巨大威胁。

最终的结果是，跨界融合使得以前产品的某些隐性功能变成显性功能，企业在营销过程中，目标顾客变得模糊，细分市场和产品定位变得更加复杂和困难。

企业未来的竞争力越来越依赖于跨界融合的速度。

当导航系统与互联网跨界融合，谷歌地图便颠覆了传统的导航仪产品。用户只要同意接收更多的广告，就可以免费使用谷歌地图的导航软件。该软件 2009 年面世，通过对谷歌已有的地图数据和导航软件进行扩展，增加了语音导航、GPS 集成、实时交通情况并建立了搜索、电子邮件和通讯录等其他应用程序之间的连接。

当生产和传播的成本非常低廉时，公司就可以同其他软件服务一样，依靠可重复利用的信息和营收来源轻松地提供免费服务。对用户而言，导航应用并不会给持有或维护该设备带来任何成本；对谷歌而言，分摊到每位用户头上的成本也微乎其微。用户早已为设备和网络出了钱，而应用只会占据非常小的内存空间，数据连接所使用的流量也很小。地图数据存储在谷歌的服务器上，数据处理的大部分工作都是在谷歌的服务器上远程完成的。用户手机可以自动升级该软件。同多数单机版 GPS 导航仪不同，谷歌的应用并不会在设备上存储地图，所以它们不会过时，不用进行耗时且十分昂贵的更新。

2012 年，谷歌针对苹果公司的产品推出了新版本的谷歌导航应用，该应用在上传后的 48 小时内下载量超过了 1000 万次，目前很难估算究竟有多少用户在使用该产品。

谷歌声称他们并不打算颠覆这些公司所处的行业，但从一开始该应用在竞争的各个方面就比单机版 GPS 导航仪表现出色。谷歌并没有对导航仪产品进行优化和提升，只是围绕客户未被满足的精准需求进行了价值创新。

西门子最近推出一个集合了大数据和车联网概念的停车系统，可以非常好地诠释这种跨界差别。在欧洲大约有三分之一的交通流量来自愤怒的司机们在寻找停车位。于是西门子开发了雷达停车位系统，用来解决这样的拥堵。2015 年 4 月起，西门子公司在德国柏林，对 40 个停车位搜索雷达传感器进行测试。这些传感器被安装在柏林街头的路灯上，每一个探测器能扫描 30 米范围的路面状况。扫描结果将通过智能手机 APP 传送给用户，通知用户哪里有符合他们车辆尺寸的空位，然后导航仪会自动将用户的目的地到达区域指向最近的这个空位。

三、跨界融合的五种方式

跨界融合的主要方式有五种：

（1）互联网与传统行业的融合，颠覆了传统企业的经营形态。当前比

较热门的“互联网 +”就是这种融合趋势。比如，互联网与零售行业的结合颠覆了实体店经营形态，互联网与手机结合的打车软件颠覆了传统出租车行业。越来越多的设备连入移动互联网后，与人们的生活越来越密切相关。换言之，新的消费潮流、生活潮流将会促使新的公司出现。大量的数据存于云端中，人们依靠它解决和自身紧密相关的问题。我们现在使用的产品中，将有 70% ~ 80% 会在不久的将来连入互联网中，在这样的背景下，跨界浪潮将会风起云涌。

（2）高新技术的渗透融合。高新技术及其相关行业向其他产业渗透、融合，并形成新的产业。例如，生物芯片、纳米电子以及三网（计算机、通信和媒体）都是融合形成的新产业。

（3）信息技术促进的跨界融合。比如，信息技术产业化、农业高新技术化、生物和信息技术对传统工业的改造（如机械仿生、光机电一体化、机械电子）、电子商务、网络型金融机构等都属于信息技术发展形成的融合产业。

（4）行业间的延伸融合。通过行业间的互补和延伸实现的融合。这类融合通过赋予原有行业新的附加功能和更强的竞争力，形成融合型的新体系。例如，现代农业生产服务体系、工业中服务比例上升、工业旅游、农业旅游等。

（5）行业内部的重组融合。重组融合主要发生在具有紧密联系的产业或同一产业内部不同行业之间，是指原本各自独立的产品或服务在同一标准条件或集合下，通过重组结为一体的整合过程。通过重组融合而产生的产品或服务往往不同于已有产品或服务。例如，种植业、养殖业、畜牧业等子产业之间，可以以生物技术融合为基础，通过生物链重新整合，形成生态农业等新型产业形态。

第三节 互联网正在消失

一、所有行业都将被互联网渗透

随着“互联网+”的推进，互联网将逐渐融合在各个行业之中，而不是作为一个单独的行业存在。互联网对传统产业的融合与碰撞越来越明显。

跨界与颠覆是互联网行业最普遍的商业模式。苹果跨界进入智能手机行业，取代传统手机诺基亚老大的地位。微信跨界进入移动通信领域，抢了三大移动运营商的饭碗。人们可以利用南航的公众账号办理远程值机。一般来讲，到机场需要提前半小时到达办理登机牌，如果你迟到了十几分钟就得误机。利用公众账号来值机并借助二维码登机是很多人的福音。招商银行几乎把个人银行业务（非现金部分）都搬到了微信公众账号中，这为处理个人金融业务带来了很大的便利——这是缺少互动机制的短信无法完成的事。打车软件的出现让乘客直接和出租车司机预约，短短几个月的时间便捕获了上亿用户的心，让原有电话召车平台彻底沦为摆设。

在过去的十年里，企业与互联网的关系主要在于营销推广，从一系列的互联网服务嫁接“营销”二字就可以看出来，如搜索营销、BBS营销、博客营销、社会化营销（包括社区、微博、微信）等。早期人们对信息技术的应用仅仅局限在内部ERP和CRM管理系统，而互联网的应用也只局限在IM和电子邮件，最多是给企业内部沟通带来了效率上的大幅提高。但无论是IM还是电子邮件，都是比较轻型的服务，起到的作用更多是互通消息与传输文件。若深度互联网化程度还不够，很难承载内外部协作及产业链协同等深度需求。

未来十年，企业将通过互联网实现内部和外部的有效沟通以及数据的有效运用，逐渐实现经营信息化、信息数据化、数据金融化。所以，互联网行业则有可能消失不见。因为，所有的行业都将被互联网有机地渗透。

目前，几乎所有的 PC 和移动游戏都可以联网进行。从 2016 年开始，热门的旅游、餐饮、教育等行业的互联网渗透也逐渐起步。

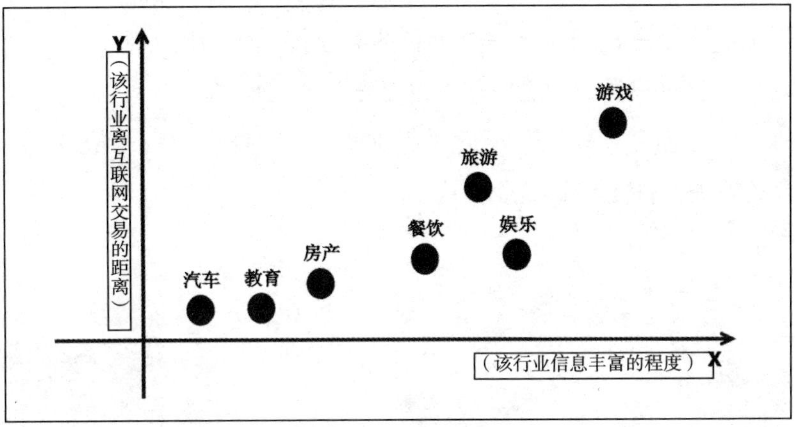

图 7-3　互联网对传统行业融合渗透指数

二、光懂“互联网”不懂“商业模式”一样会失败

在互联网的趋动下，创业公司对有互联网背景的人才的渴求程度可想而知。这种互联网人才几乎成了每家创业公司的“标配”。

很多创业公司都希望从 BAT 引进一位有互联网背景的合伙人。某创业公司的创始人说“挖疯了”，他叹了口气又说，“现在从 BAT 随便出来一个人，哪怕他只是一个产品经理，跟你谈的条件都是希望做合伙人，自我预期太高了。”让这位创始人纠结的不是钱多少的问题，而是“合伙人”这个身份在团队中有标志性意义。“如果招一个职业经理人，即使 3 个月之后走了也很正常，如果走的是合伙人，这就是重大的人事震荡了。”

事实上，很多互联网创业公司的生存时间不超过一年，能够存在三年以上的可谓凤毛麟角，根本原因就是很多互联网创业公司只是一个创意，并没有真正的商业模式。

创新商业模式来应对竞争并非一件容易的事情，按照美国麻省理工学院斯隆管理学院资深教授、国际组织学习协会(SoL)创始人兼主席彼得·圣吉说，一个点子式的创意与一个有意义的发明的价值比是1:100，而一个有意义的发明与一个真正具有市场可行性的创新商业模式之间的价值比也是1:100，这就是说一个创意只相当于一个创新的商业模式价值的万分之一，这就是商业模式的复杂性和艰难性之所在，也是竞争性之所在。

因此，光懂“互联网”不懂“商业模式”一样会失败，传统企业与互联网融合的前提条件是创新商业模式。

光懂“互联网”不懂“商业模式”一样会失败！

传统企业与互联网融合的前提条件是创新商业模式！

案例分析：

互联网抢滩汽车后服务市场

李立恒在结束阿里10年的职业生涯后，转身跳进了汽车后市场这个汪洋大海。在他看来，缺乏信任，不透明，服务差，效率低下……这些令人挠头的所谓行业“痛点”，正是互联网自我证明的绝佳机会。李立恒第一次在众人面前亮相，就放言“车蚂蚁未来要成为像阿里一样伟大的公司”“现在中国有9亿的移动互联网用户，你们懂他们吗？”他把问题一个个抛向听众，仿佛很享受这种有些布道式的氛围，还时不时地打个响指。

车蚂蚁不是从做某个细分业务（上门保养、快修等）切入后做具体快修业务的，而是把自己定位为类似于大众点评和携程这样的平台型公司，在网上集客的同时，整合线下快修门店，为线下门店导流。2013年10月，车蚂蚁拿到晨兴创投200万美元A轮融资。

据不完全统计，目前中国有大大小小几十万家汽车修理厂，看起来，车蚂蚁只要能有足够大的流量，并将流量与门店对接成功，一家成功的后市场创业公司就会应运而生。2013年车蚂蚁提出的目标是实现100万会员，1万家服务商。

可当订单落地时，李立恒却发现没有这么简单。类似于大众点评和携程这样的模式在汽车后市场根本行不通。一个主要原因是，与餐馆和酒店相比，已有的汽车快修店大部分和想象中的不同，不可使用。“我们花了大量的成本去给这个商家带来一个订单的时候，会发现每一个订单用户享受到的不是惊喜而是痛苦。”回忆起来，李立恒仍旧心有余悸。车主本来希望通过车蚂蚁这个平台找到可信赖的店，但现实中却落差很大，80% ~ 90%的用户到店后都会心灰意冷。

那段时间车蚂蚁品牌的可信度也遭受了很大的质疑。车蚂蚁做得很吃力，也不敢推广，因为做的量越多，车主受到的伤害就越多。

有了前车之鉴后，李立恒开始调整策略——类似于当年淘宝发展个体户。用他的话说，就是“拉了一帮社会的义士，这些技工干了五六年，想要个人创业没机会，有一身武艺没地方使。加入车蚂蚁后，你的店根本不用开在豪华地段，也不需要开大，只需要100平方米、4个车位就够了。你不用拉客也不用接客，你只管干活，我绝对把单子填满。”

在发展目标上，车蚂蚁也更加务实，2014年的会员数量已达10万个，而线下门店控制在50个，之前在北京的布点已经撤销，集中兵力主攻杭州一个城市。

【点评】

跟携程后端面对的机票和酒店不一样，车蚂蚁面对的4S店和维修站，鱼龙混杂，佣金要么被转嫁给客户、要么店家用劣质服务以次充好。归根结底，携程对应的差旅业务，大多是异地客源，酒店与客户之间存在很大的信息不对称，客户就会极为依赖携程平台。而车蚂蚁这类平台对应的汽车服务，大多是本地客源，4S店和维修站的客情关系相对稳定，其对于这个硬加出来的平台并没有较强需求。做这类平台自己掌控终端，构建直营门店才是出路。

早在2005年8月，类似这类平台就已经出现。那时UAA正式成立，创始人陆正耀一上来就用铺天盖地的广告海量地吸引会员，仅北京市场一年就砸下几千万元的广告费。而UAA效仿携程的轻资产运作模式，大受资本追捧。成立一年后，陆正耀接受了联想投资、美国CCAS和KPCB的基金总共2200万美元。

当时，联想投资对UAA亦寄予厚望。尽管获取佣金的盈利点还不清晰，但仍然坚持“先开枪后瞄准”，只要快速发展会员数量，盈利点自然会显现出来。短短一年多时间，UAA生猛地拿下了200万会员。

当时在马路上，无论何时都能看到后面贴着UAA标志的汽车。UAA的确深受有车族的欢迎。但是，坐拥200万会员的UAA，发现根本无法向后端收取佣金。

若按照原本的构想，这本应是一个因为无法盈利而失败的商业模式。但若换一个角度去想，至少还有200万会员。于是2007年初，UAA宣告转型，半年后变为神州租车。

截至2014年，神州租车拥有车辆55403台，在全国69个大城市拥有751家直营门店，车队规模超过行业第二至第十大租车公司的数量总和，是行业第二名的4倍以上，直营租车服务网点的数目是行业第二名的3倍左右。作为补充，公司在全国其他152个较小城市拥有191个加盟网点。是中国目前车队规模最大、服务网络最大、服务网点最多、服务品种最全的全国性大型汽车租赁服务企业。

2014年9月19日，在香港成功上市，截至19日收盘，公司股价报收为10.96港元，涨幅达到28.94%，以收盘价计算，公司市值已达到251亿港元。

1. 中国汽车保有量增长迅速、汽车后服务行业将形成庞大的“黄金”市场

我国汽车保有量已经超过1.4亿辆，近几年的增长速度平均在10%以上。汽车产销量的增长也在推动汽车保有量规模的扩大，因此造就了我国庞大的汽车后市场。汽车后服务业平均年增长27.8%，预计未来10年，市场规模将达到4万亿～5万亿元。这也与我国汽车消费市场的发展速度相吻合，与之共生的汽车售后无疑将成为一个庞大的“黄金”市场。

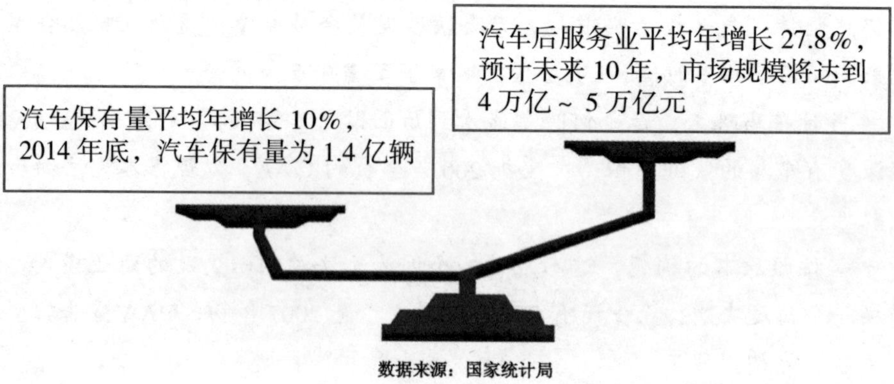

图7-4 逐年增长的汽车后市场

2. 中国汽车后市场发展进入快车道，中国汽车服务即将迎来最大的发展机遇

按照国际上通行的说法，汽车后市场所产生的利润与相对的前市场比较，比例大约是7∶3。在整个汽车产业链上，后市场产生的利润至少要超过前市场一倍以上。

从以上数据可以看出，国内汽车服务有巨大的上升空间，我国的汽车产业增长速度日趋增加。汽车产业的强势增长，为汽车后市场带来了巨大的发展空间。

目前，我国的汽车后市场处于起步阶段，发展空间十分巨大。在国外成熟的汽车大国中，汽车营业额分配比为：配件占39%，服务占33%，制造商占21%，零售占7%。而在国内汽车产业额中：配件占37%，服务占12%，制

造商占43%，零售占8%。数据显示得出，我国汽车销售额中制造商所占比重较大，服务比重小。每销售一辆新车，将产生3倍的售后服务规模，可见汽车市场发展潜力之巨大。

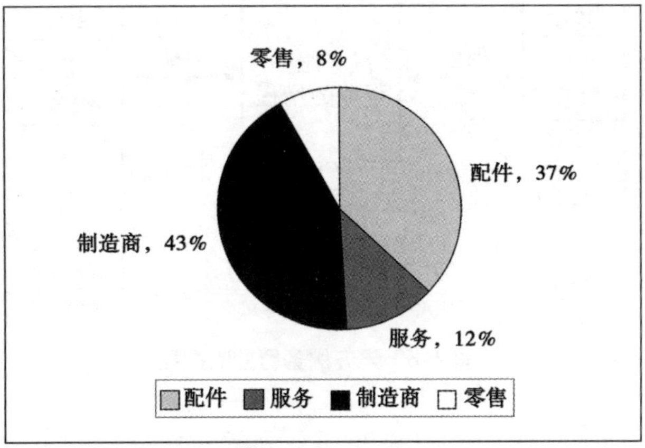

数据来源：汽车工业协会

图7-5　中国现阶段汽车产业结构占比

数据显示，九成以上的车主常规维修保养至少半年一次，五成以上至少3个月一次。随着车龄的增加，非4S店将会越来越受青睐。在1～3年车龄的车主中，约2/3是在4S店保养，而当车龄增加到5～10年后，这一比例不到10%。

5000元

有报告显示，中国车主每年常规维保的平均消费在3500元；20万元以上车的车主消费超过5000元。

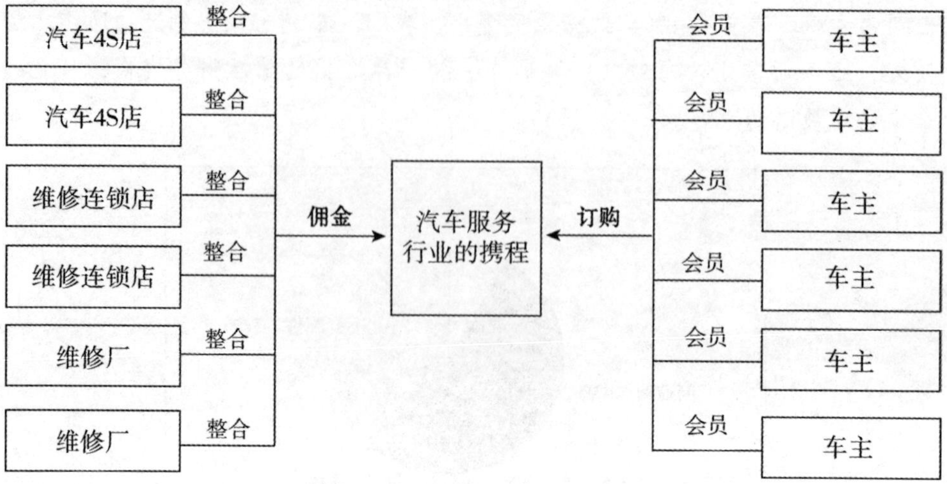

图 7-6 汽车服务行业的携程

案例分析：

南京零号线——打造城市电子商务基础设施和商业生态系统

众所周知，外卖 O2O 厮杀已经非常激烈，甚至出现了“美团外卖”与“饿了么”的斗殴事件。竞争激烈的背后，归根结底是餐饮万亿级的刚需市场，消费的频次之高、消费群体之广，让电商、互联网巨头们垂涎三尺。此时，各大互联网巨头都纷纷开始了战略动作：阿里有了“淘点点”，百度推出了“百度外卖”，京东投资“到家美食会”，美团、大众点评均已布局外卖。在巨头们强大的挤压之下，起步晚、起点低的“零号线”是怎样创新发展并迅速获得腾讯、红杉资本及戈壁合伙人 3000 万美元融资的呢？

餐饮外卖 O2O 市场在中国所有的 O2O 市场中算是比较成熟的，有大量的资本、转型企业、新创企业纷纷加入外卖 O2O 大军。可到目前为止，我们只知道几个靠着强大后台资本支撑的项目，剩下大多数的转型或者创业企业都倒在了冲锋的路上。但仍旧有大量的新加入者前赴后继地向前冲，“零号线”就是外卖 O2O 创业大军中普通得不能再普通的一个，但它没有倒下，而是在外卖 O2O 市场中成长为了小巨人。

外卖 O2O 行业很大，但是其中有两个致命的痛点是始终横在创业者脚下的鸿沟：

一是对于外卖 O2O 项目的体验关键点——时间，如果消费者在一个外卖平台下了订单后，过一小时餐还没送到，消费者体验度会下降。因为平台只是作为信息对接，并不承担配送和食物的可口度。作为餐馆，在中午或晚间用餐高峰，对于外卖配送服务根本达不到消费者的快速体验需求。

二是即使餐食及时送到，若送餐服务员的形象不佳，也会让消费者食欲下降。

对于零号线，这些行业问题依旧存在，不解决这些问题很难成功。零号线没有按部就班，而是思考如何解决这些行业现状问题。经过调查发现：外卖平台大多是一边粘贴消费者，一边整合沿街饭店、物流配送人员，这些饭店不忙时还能安心做消费者订单，可在吃饭时间饭店多数客流量很大，无暇多顾。所以，零号线改变传统模式，把后端合作饭店改为在偏僻路段、客流量相对较少的小饭店，甚至更加大胆地与下岗闲置在家的阿姨合作，这些小饭店与家庭阿姨由于时间相对充裕，可以有效解决订单的时间问题。关于卫生资质则由零号线统一管理。而且为了增加菜品质量，零号线定期把五星级饭店的大厨请来培训饭店厨师和家庭阿姨，教授精品、特色菜系。这又解决了饭菜品种单一、味道无奇的问题。

另外，零号线也采用“重资产”自建物流配送团队的方式，把消费者体验做实、做好。这也是腾讯入资的重要原因。

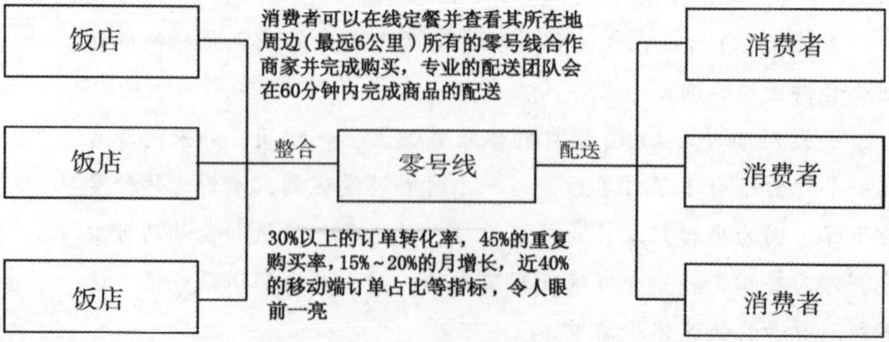

图 7-7　零号线的商业模式

零号线同时服务于B端和C端用户，B端用户多为个性品牌餐饮商家。店家周围六公里内配送，向用户许诺60分钟内送到。在盈利方面，收取商家营业额6%的返点，合同一般以一年为限。在推广方面，零号线支持各类特色餐厅、家庭店式的“厨房店”。

创始人吴皓说：“我一直认为从根本上来看，我们不是干O2O的，零号线说到底就两句话——零号线的经营定位是做城市电子商务服务提供商，零号线战略是围绕城市电子商务平台打造城市电子商务基础设施和商业生态系统”。

深度思考：预测行业未来发展趋势

序号	问　　题	思考答案
1	你的企业预测国家政策将发生什么变化？	
2	你的企业预测宏观环境将发生什么变化？	
3	你企业所在的行业发展趋势是什么？	
4	你企业所在的市场正在发生什么变化？	
5	你企业的竞争对手（行业内领先企业）正在做怎样的变化？	
6	你的企业打算如何应对？	
7	你的企业能把握未来趋势，成为引领颠覆性变革的企业吗？	

第八章

应对不确定的未来

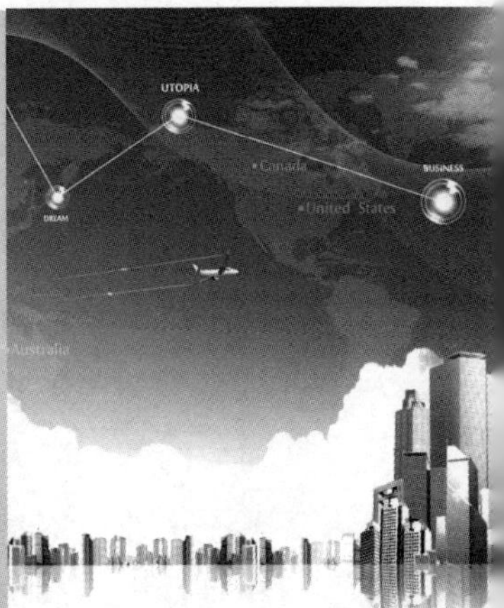

第一节 何为真正的“互联网+”

一、“互联网+”的内涵

根据阿里研究院的认知，所谓“互联网+”就是以互联网为主的一整套信息技术（包括移动互联网、云计算、大数据、物联网等配套技术）在经济、社会生活中的扩散、应用，并不断释放出数据流动性的过程。“互联网+”对应的英文词为“Internet Plus”，“+”不是“加号”而是“化”。“互联网+”各个产业，不是简单连接，而是通过连接，产生反馈、互动，最终出现大量化学反应式的创新和融合。“互联网+”各个产业是传统产业的在线化、数据化、金融化，只有将交易行为迁移到互联网上，才能实现“在线化”；只有“在线”才能形成“活的”数据，随时被调用和挖掘；在线数据随时可以在产业上下游、协作主体之间以最低的成本流动和交换，其价值才能最大限度地发挥出来。

最前沿的技术和最创新的商业模式往往是共同演进的，商业模式的创新能把技术创新的价值最大化，技术的创新能够推动商业价值的无限放大。淘宝的商业生态和云计算、大数据的技术进步是紧密相连的。谷歌的成功也是商业模式和技术创新的同时成功。

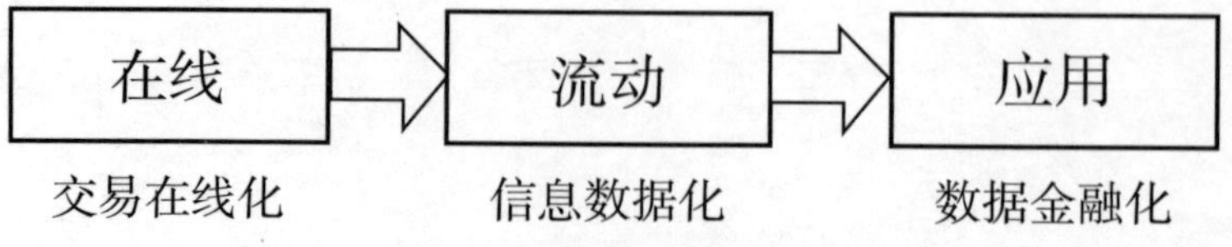

图 8-1 “互联网+”的内涵

2015 年 3 月 5 日，李克强总理在政府工作报告中首次提到：制定“互联网 +”行动计划，“互联网 +”上升至国家层面，并逐步向第一二产业渗透。

2015 年 7 月 6 日，国务院印发的《关于积极推进“互联网 + ”行动的指导意见》围绕转型升级任务迫切、融合创新特点明显、人民群众最关心的领域，提出了 11 个具体行动。

政府提倡的“互联网 +”，其特点是“重资产 + 技术”。其内涵如下：

（1）“互联网 + 工业”，意在通过互联网技术改造传统的生产模式，进而提振不景气的经济。

（2）“互联网 + 流通”，意在通过电子商务改造流通模式，刺激信息消费，推动内需、外需增长，促进社会就业。

（3）“互联网 + 创新”，意在通过创新经营形态，促进中国的产业升级转型，继而提升中国在全球的经济地位。

互联网公司提出的“互联网 +”，其特点是“轻资产 + 服务”。这里分为两派：

（1）一派认知是“腾讯 +”，按照马化腾“连接一切”的表述可以理解为，通过 QQ 和微信平台，连接公共服务，提高社会运行效率。他们希望政府能够数据共享，让老百姓通过微信来办那些需要到政府才能办的事（比如微信签证），以此增强用户的黏性。

图 8–2　国家“互联网 +”11 个具体行动

（2）另一派认知是“阿里巴巴＋”，阿里巴巴一直在输出一种理念——云计算犹如水和电一样，是未来人类的必需品。其目的在于推销云计算，希望将中小企业、各种组织乃至各级政府都接入自己的云计算，进而完善自身的大数据资源。

这两家公司其实都瞄着一个共同的目标——大数据资源。再过几年，世界上将没有什么互联网企业，只有数据企业，一个企业拥有的数据的“数量和质量”将决定其企业的价值。

二、“互联网＋”需要经历的三个阶段

“互联网＋”的本质，不是简单模块的叠加，而是再造质变。企业进行“互联网＋”，至少需要经历三个阶段：

第一个阶段，改造流通。实现销售的互联网化，将公司的产品服务以电子商务模式推广，同时开展网络营销。

第二个阶段，改造生产。调整生产管理经营，利用互联网理念（比如用户为中心）改造自身体制来适应互联网经营的需要。

第三个阶段，产业协同。企业可以实现供应链上的互联网化，逐步实现产业协同。在这个阶段，企业可以围绕自身业务形成自己的生态，或者加入别人的生态中。

目前国内许多传统行业上市公司的“互联网＋”集中在第一阶段，很多人以为开辟了电商平台，或者进行了网络营销就等于实现了“互联网＋”，这是一种比较危险的认识，也是造成失败率居高不下的重要原因之一。

这是因为此类公司多属行业龙头，规模大且经营模式成熟，转型难度较大。而“互联网＋”需要做脱胎换骨式的体制改造，倘若企业仅仅把电子商务当作一个新生业务渠道，或者把互联网业务当作一个新业务模块而非战略方向，则难免与自身线下渠道恶性竞争，产生左右手互搏现象，导致内部资源耗损巨大，难以让新业务度过有投入无产出的成长期。

要成为一家真正的“互联网 +”公司，至少要具备四大要素：创新模式、新技术应用、数据资源、生态组织。

阿里巴巴集团副总裁、阿里研究院院长高红冰也说过，“互联网 +”不是一个互联网加一个传统简单的业态，而是一个创造新业态的过程，它是商业模式创新、技术实现以及规则制定的融合。

云计算、数据分析、移动互联、社交以及安全等领域都在发生重大变革，它们中的单独每一项都足以颠覆技术世界。但当同时发力并形成合力时，其带来的就不再仅仅是一种技术手段，而是触发一系列地震：企业组织架构变革、商业模式改变、工作流程的重组、行业颠覆和量化决策的实现，以及整个社会管理思想的变革。这些变革给传统企业带来了巨大的冲击，甚至引起了各行业的恐慌，于是就有了比较表层的认知——所谓的“互联网思维”。

传统企业中的一部分先行者，已经开始尝试更加深入的“互联网 +”：

（1）通过移动和社交互动系统与客户、员工、合作伙伴及供应商建立联系。

（2）以个性化方式与客户打交道。

（3）为商业模式创新寻找到云驱动的转型途径。

（4）采用基于 API（应用程序编程接口）服务。

（5）采用预测性的以及“下一代最佳行动”的建模和实时数据，并采取战略性和协调的方式来处理数据和分析。

三、“互联网 +”的渗透率

“互联网 +”是从 C 端到 B 端，从小 B（分销）再到大 B（核心企业）的过程，越来越往产业后端延伸。在“互联网 +”逆向倒逼的过程中，各个环节互联网化的比重也在依次递减。

最先被互联网带动的是消费者。根据 CNNIC 的数据，到 2015 年底，我国网民规模达 6.88 亿，移动互联网用户数为 7.9 亿，互联网普及率为

50%以上。

广告营销环节是最早互联网化的商业环节。2015年我国互联网广告产业规模达到1535亿元，市场份额占整体广告产业的28%。

其次是零售环节的互联网化。2015年我国网上零售额达到38773亿元，同比增长33.3%，占同期社会零售总额的10%以上。

再次是批发和分销环节的互联网化。包括传统的B2B网站纷纷由信息平台向交易平台转型。整个国内批发、分销市场的互联网化比例占1%~2%。

最后是生产制造环节。主要表现在两个方面：一是个性化需求倒逼生产制造柔性化加速；二是需求端、零售端与制造业的在线紧密连接。这导致制造业也出现在线化、数据化的趋势。

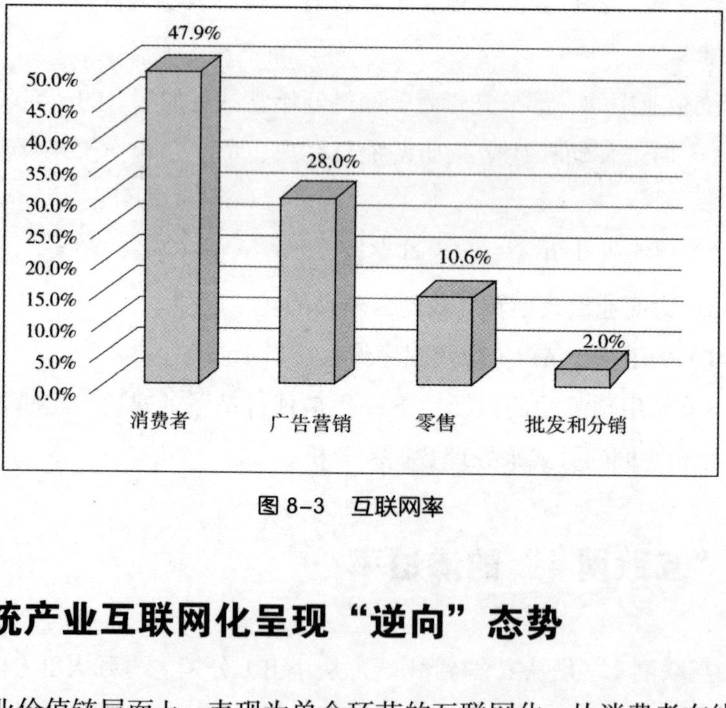

图8-3 互联网率

四、传统产业互联网化呈现“逆向”态势

在企业价值链层面上，表现为单个环节的互联网化：从消费者在线开始，到广告营销、零售、批发和分销、生产制造，一直追溯到上游的原材料和生产装备。从产业层面看，表现为单个产业的互联网化：从广告传媒业、零售业、批发市场，再到生产制造和原材料。

依据传统产业互联网化的程度分为四个阶段，第一阶段是传播层面互联网化，典型的特征是网络宣传、新媒体传播；第二阶段是渠道层面互联网化，典型特征：网上店铺、网上销售、O2O 出现；第三阶段是供应链层面互联网化，典型特征：C2B 出现、柔性化生产；第四阶段是价值链层面互联网化，典型特征：经营逻辑重构、业务流程重构、生态系统构建。

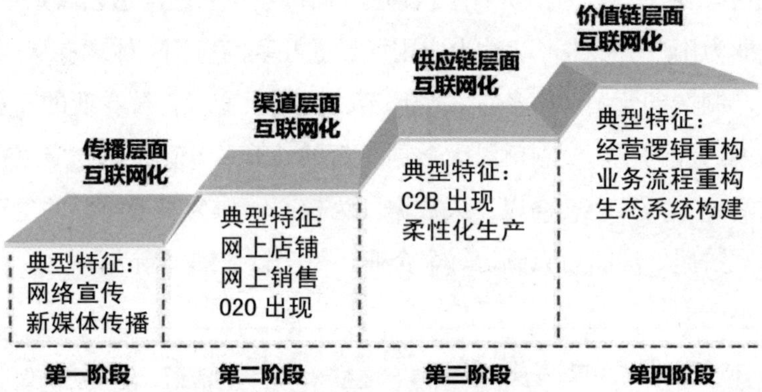

图 8-4　传统企业互联网化的四个阶段

表 8-1　中美企业互联网化对比

消费者	互联网使用	中国	美国
	• 用户	632百万人	277百万人
	• 普及率	46%	87%
	网络零售		
	• 规模，10亿美元	$295/人	$270/人
	• 占零售业百分比	7%~8%	6%
	电商平台	淘宝/天猫	eBay
	• 商品数量	800百万	550百万
	• 活跃买家	231百万	128百万
	智能手机普及率（占手机总装机量的比例）	54%	69%
	互联网用户中社交网站普及率	60%	73%
企业	云服务渗透率	21%	55% ~ 63%
	中小企业运营中互联网使用率	20% ~ 25%	72% ~ 85%

我国中小企业云服务渗透率为 21%，相比美国的 63%有一定差距，我

国中小企业运营中互联网使用率不到25%，而美国则为85%，这说明中国企业互联网化空间非常大。

五、我国正由消费互联网向产业互联网转变

消费互联网主要针对消费者个人体验，而产业互联网渗透领域则更加广泛，主要以企业为用户、以生产活动为应用场景的互联网应用，体现在从产品设计、研发、生产制造到营销、服务等各个环节，彻底改变了传统产业的商业模式。产业互联网时代的生产资料就是大数据，新的计算及计算技术与应用正在将传统的以“流程”为核心转向以“大数据”为核心。作为最为重要的生产要素，大数据及大数据处理能力会成为每个企业、每个行业的“新大脑”。

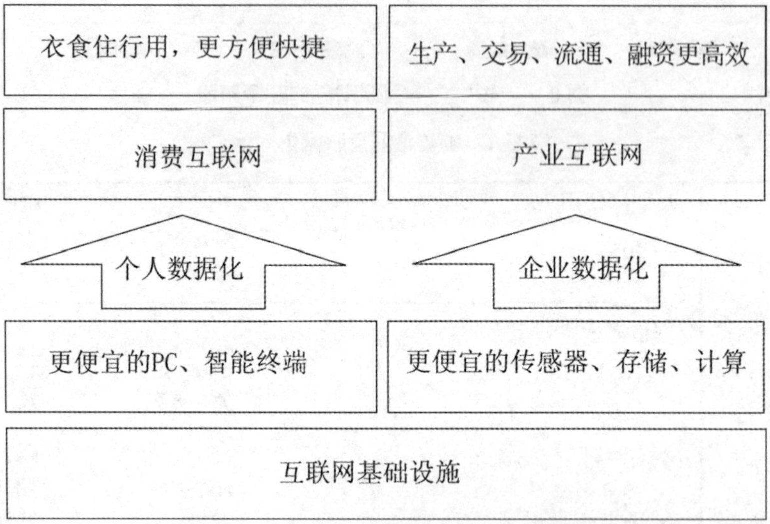

图8-5 消费互联网与产业互联网对比

六、产业互联网时代到来

互联网改变了连接方式，以几何倍增的速度连接上下游，形成庞大的信息流、数据流以及资金流，从而延展到金融领域和更深层次的应用领域。

互联网是迄今为止人们信息处理成本最低的基础设施，它具有全球化、开放化、透明化、平等化的特点。互联网使信息和数据在工业生产时代被压抑的巨大潜力爆发出来，转化为巨大的生产力，成为社会财富增长的新引擎。

互联网产业化和产业互联网化，正逐渐成为中国经济发展的主流。所谓互联网产业化就是指互联网公司渗透传统产业，创造全新的经营业态；产业互联网化是指传统产业互联网，推动企业的转型升级。

我国在互联网飞速发展的二十年中，互联网产业出现了百度、阿里巴巴和腾讯这样的互联网巨头。从互联网发展的角度看，消费互联网市场已趋于稳定与饱和。在未来的 20 年，产业互联网时代到来，对实体资源有充分把控能力的企业端将有很大的发展空间。

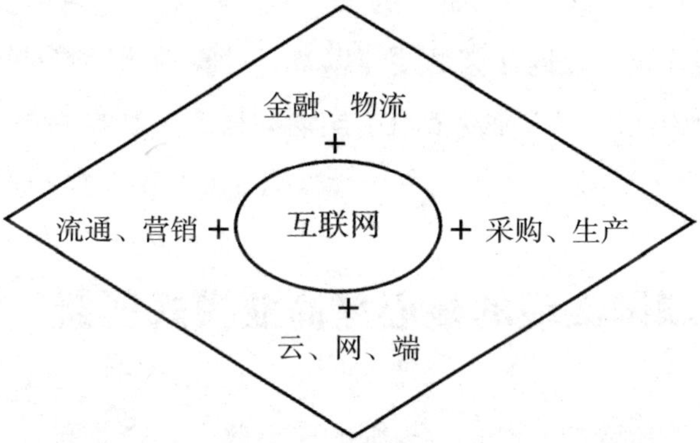

图 8-6　“互联网 +”产业

过去的二十年，互联网改变了人们的生活方式，衣、食、住、行、娱、购无所不包，而随着消费互联网的饱和，将倒逼产业互联网的实现。互联网将在生产制造、仓储物流、产品交易、金融服务、原材料采购等领域产生巨大影响，极大地改变传统的产业形式，效率将更高、速度将更快。

产业互联网实现的是更大范围的融合，形成更加开放的平台。美国工业互联网联盟理事长理查德博士指出：“互联网当中不存在单一的胜者，应该在开放的平台上进行分享。如果能把数据从供应商那里进行整合再给客户，把这种互联性通过产品的制造、通过供应商的共享，给客户带来价值，从长期角度来说，将会给所有的利益相关方带来巨大的利益。”

未来二十年将是产业互联网的时代，教育、医疗、交通、金融、农业等与民生息息相关的产业都将被互联网化。

七、产业互联网的基础是宽带网络、大数据及云计算

产业互联网时代的生产资料就是大数据，新的计算及计算技术与应用正在将过去以“流程”为核心带向以“大数据”为核心，作为最重要的生产要素，大数据及大数据处理能力会成为每个企业、每个行业的“新大脑”。

PC机的广泛运用以及智能终端的普及造就了消费互联网的“兴盛”，表现出来的是个人的数据化，消费者的衣、食、住、行、用将更方便、更快捷。宽带网络的不断升级、数据存储的便捷以及云计算的普及将造就产业互联网的“辉煌”，表现出来的是企业数据化，实现的是更高效的生产、交易、流通、融资，使企业在生产制造、运营效率和资源配置方面得到大幅度提升。

八、产业互联网实现的核心是商业模式创新

“互联网+”是技术、模式、规则的多重改变，产业互联网不是传统业态加一个互联网，而是一个创造新业态的过程，它是商业模式创新、技术实现以及规则制定的融合。没有创新的商业模式，产业互联网的价值就不会实现。

产业互联网时代商业模式创新的关键是构建独特的价值创造能力，以及对整个产业生态系统的构建和合作。产业互联网时代商业模式创新的能力体现在更好地建立和维系与客户的互动关系的能力，更好地为行业合作伙伴带来商机和价值共赢的能力。笔者在《开放式战略——互联网+商业模式颠覆式创新》一书中有过论述：无论任何时代和任何背景，企业的发展都不该偏离本属的核心——创造价值。特别是互联网时代，企业的边界已经完全开放，企业必须能更精准地回答：你的企业为什么比竞争者提供的价值更优、更持续？

互联网是迄今为止人们处理信息成本最低的基础设施，它天然地具有全球化、开放化、透明化、平等化的特点。互联网使得信息和数据在工业生产时代被压抑的巨大潜力爆发出来，转化为巨大的生产力，成为社会财富增长的新引擎。

九、产业互联网实现的关键是供应链管理与供应链金融

据有关部门统计，我国目前B2B业务容量已达到近8万亿元人民币，越来越多的企业开始重视线上交易平台的建立,由线下“产业群”向线上“产业带”转变。随着产业互联网的推进，生产、物流、交易、库存、信息、资金等业务流程的管理将是产业互联网实现的关键，而这些业务流程管理的核心便是供应链管理。

产业互联网要求实现的是线下所不能完成的交付与信息集成，加强物流、资金流、信息流的高效流转，使得产业互联网所主导的供应链能够以更低的成本、更低的库存来生产更高质量的产品。这个集成和统一的过程，便是企业降低成本、创造价值的过程。产业互联网和相对消费互联网最大的区别在于，产业互联网能够促进企业高效运转，实现全新的经营形态。

高效供应链管理可以使整个生产和流通结构得到改善和协调，为企业获得竞争优势提供有力支持，有效地降低企业的运营成本。产业互联网的所要实现的目的就是如此。未来，“前端C2B客户服务+后端B2B柔性制造”的智慧供应链将成为竞争的核心。

除此之外，在供应链管理基础之上的供应链金融是产业互联网实现的另一个关键点。由于我国金融行业长期受体制因素的限制，众多中小微型企业无法获得高效的金融服务支持，制约了发展。而在物流、资金流、信息流高效运转的产业互联网领域，这一难题将得到本质的改变。在产业互联网领域，物流、资金流、信息流是开放和透明的，金融机构或者交易平台将把单个企业的不可控风险转变为供应链企业整体的可控风险，通过获取各类信息，实现风险控制最低的金融服务。

产业互联网已成为未来经济发展的新引擎。产业与互联网的有效融合，将驱动传统产业的智能化转型，不断把技术渗透、扩散到生产、服务的各个环节，创造全新管理与服务模式，打造更高价值的产业形态，促进《中国制造 2025》目标的早日实现。

十、不是所有企业都懂“互联网+”

互联网是高新技术产业的典型代表，起步早使得欧美互联网发达国家在产业发展中占尽先机，这些国家由于掌握了核心技术，牢牢控制了相关领域发展的主导权。

与之相比，中国尚处于产业下游。国内“发达的”是互联网应用而非核心技术。由于这些核心都“学”自美国，以至于业内有 C2C 为“Copy 2 China”之说。尽管经过了 20 年的发展，在某些应用技术中形成了新的优势，但是从整体上来看，我国本土互联网技术创新主要集中于应用的完善与改良，除了少数巨头企业，很少涉及核心技术研发。中国很多互联网创业企业都或多或少地折射出了美国互联网公司的影子。

在阿里巴巴、腾讯、百度、小米的标杆指引下，众多企业纷纷投身互联网，似乎一夜之间互联网被追捧为神话，是个企业就开始建网上商城，做 B2C、B2B。互联网思维救不了所有企业，更何况有很多传统企业根本都没弄懂什么是真正的互联网。

据说红星美凯龙的红美商城“砸钱 2 亿元建立，销售只有 4 万元”；长虹高调推出了启客系列，耗费几千万元建起来的 10 多家天猫店一个月内只成交了 1 单；凡客作为根正苗红的互联网企业，创业多年，耗费 5 亿美元的融资，目前依然步履蹒跚。

我们所要探讨的不是“互联网+”还是“+互联网”的问题，一切事物不从本质的层面去解决，都终将是昙花一现。随波逐流做出来的事情不会持久。

我们只有看透商业的本质，才能看清“互联网+”的本质，才能够用好互联网。任何技术的变革、社会的进步，都离不开哲学和思想的范畴。

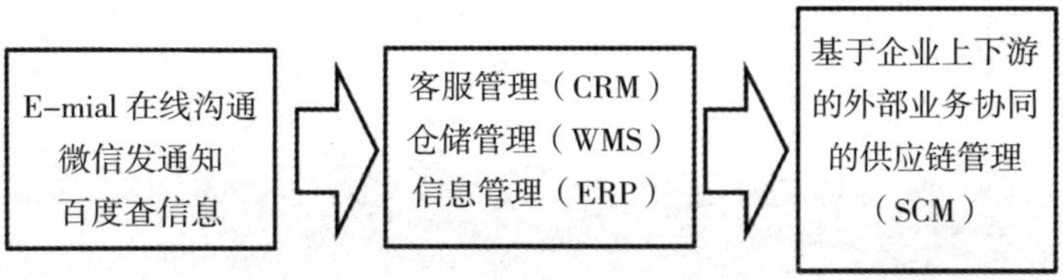

图 8-7　互联网从内到外优化着企业经营的整个价值链

十一、认清互联网本质，警惕互联网泡沫的再次出现

有一些传统企业，仅仅因为贴上了一个“互联网”或“互联网+”的标签，加之投资公司的推波助澜，便迅速地获得了高倍的溢价，市值随之膨胀。一定要警惕互联网泡沫的再次出现。

中国为什么出现这么多风生水起的互联网企业，原因很简单：传统产业缺位互联网，整个社会资源配置不合理造成资源紧张和生活习惯扭曲，80%以上的中国年轻人钟爱网上聊天，每周要在网上购物 8 ~ 9 次。对于欧洲国家来讲是难以想象的。如果天蓝蓝水清清，不堵车人不多，商场环境好可以代管小孩并保障安全，到哪吃饭都有位置不会排成长龙，购物中心的世界名牌不会价格贵出一倍，汽车的后备厢设计合理能装下更多货物，我们不相信中国人就真的爱躲在家里拼命戳手机、上网。

大环境的乏善可陈，巨大的市场规模效应，吃喝拉撒的刚性需求，造就了中国的互联网行业的繁荣。但是，这无形之中也反映出了在后工业时代，中国互联网发展将要走入的困境——极度缺乏对工业和社会进行技术创新和数字改造的能力。

真正的互联网思维是用网络和技术来向生产力的深度和广度进军。要真正利用好互联网的优势，而不是浮躁地盲目跟随和过分热捧。

真正的互联网思维是用网络和技术来向生产力的深度和广度进军。要真正利用好互联网的优势，而不是浮躁地盲目跟随和过分热捧。

第二节 打造竞争力群组

一、“互联网＋”企业的核心竞争力

在互联网的热潮下，所有企业都在尝试转型升级，实现“互联网＋”。过度的热捧让很多企业迷失了方向，一味追求流量和导入，而忽视了自身竞争力的建设。任何时代，企业的发展都不应忽视发展的关键要素——竞争力的构建。特别是互联网背景下，企业的边界已经完全开放，企业就必须能更精准地回答出“您的企业为什么比竞争者提供的价值更优、更持续”。缺乏核心竞争力是很多企业的通病，更不要谈持续发展和成为行业主流。

很多成功的互联网企业，无时无刻不在增强自身的优势建设或自身的建设、收购兼并，这都是为了增强数据分析能力和供应链管理能力，而最终目的都是打造竞争力群组，增强竞争实力。

互联网时代，企业间的竞争更加加剧，企业的竞争优势持续的时间也越来越短。过去企业的技术或研发优势领先于行业 1 ~ 2 年，而今天企业的这些优势持续的时间还不到几个月。因此，企业想要获得持续的竞争优势，必须由单一竞争力打造多个竞争力群组。

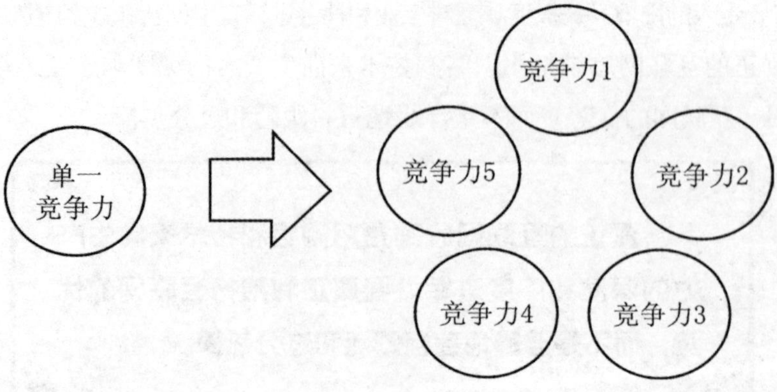

图 8-8 竞争力群组

企业战略的核心竞争能力是指企业具备的应对变革与竞争并且取胜于竞争对手的能力的集合。核心竞争力建立在企业资源之上，从与产品或服务的关系角度来看，核心竞争力实际上是隐含在公司核心产品或服务里面的知识和技能，或者知识和技能的集合体。

企业资源包括有形资源和无形资源。有形资源包含物质资源、财务资源、人力资源等；无形资源包含研发资源、技术资源、品牌资源、渠道资源等。

评价企业潜在是否具有可持续竞争优势的资源，需要具备四个特点：第一，从开发利用企业环境中的机遇或化解风险的意义上讲，资源必须有价值；第二，对于当前或潜在的竞争对手来说，资源必须是稀缺的；第三，资源必须是竞争对手难以模仿的；第四，资源必须没有战略上相当的替代物。

资源本身不能带来竞争能力。企业战略的核心竞争能力必须通过企业组织运作，将有形资源和无形资源结合在一起才能产生。比如，优秀的产品开发和生产能力，优秀的顾客服务能力，强势的渠道拓展能力，等等。

表 8-2　企业核心竞争能力指数

核心竞争能力强度	指数	核心竞争能力运作方式	案例
高	10	建立行业标准	微软、谷歌
	9	控制价格链	苹果、英特尔
	8	主导地位	特斯拉、小米
	7	良好的顾客关系	通过电气
中	6	品牌、版权、专利	知名快销品牌
	5	两年的产品提前期	
低	4	一年的产品提前期	有较强优势的制造业
	3	10% ~20% 的成本优势	
无	2	具有平均成本	处于价值链低端的传统制造企业

二、竞争平衡

因为核心竞争力的不同，企业对竞争的反应也有所不同。有的企业可能只对某些类型的竞争做出反应，比如降价；有的企业对任何竞争都会做出迅速反应。有些行业的特点是竞争者之间相对和平相处；而另一些行业则是无休止的争斗。波士顿咨询公司创始人布鲁斯·亨德森认为，这主要取决于“竞争平衡”。

（1）如果竞争者的条件几乎相同并以同一个方式谋生，那么它们之间的平衡就是不稳定的。在竞争能力处于均势的行业中可能存在无休止的冲突，比如钢铁行业、新闻行业。在这种情况下，如果有一家生产能力过剩的公司降低了价格，这种竞争平衡就会被打破。这些行业就会经常爆发价格战。

（2）如果只有一个关键性的因素，那么竞争平衡条件就是不稳定的。这说明在这些行业里，成本差异机会是由于规模经济、先进技术或其他一些因素而存在的。在这种行业中，任何取得成本突破的公司都可以降低价格，并在损害那些付出了很大代价来保卫其市场份额的公司利益的情况下，赢得市场份额。在这些行业中，由于成本有所突破而往往爆发价格战。

（3）如果多项因素都可能成为决定性因素，那么各个竞争者都能在某些有利条件下并对某些不同顾客的吸引力形成差异。可以形成有利条件的因素越多，能够共存的竞争者的数量就越多。各个竞争者都有竞争细分市场。这些细分市场是经过对其所能提供的交易要素进行权衡取舍之后加以区分的。在质量、服务、便利条件等方面存在许多差别机会的行业才会存在多项因素。

（4）竞争性变量起决定作用的数目越少，竞争者的数目就越少。如果只有一个因素起决定作用，那么有可能共存的竞争者也不过两三个。

（5）任何两个竞争者之间的市场之比为2：1时，可能达到了平衡点。这时任何一个竞争者提高或者降低份额都不实际也没有好处。在这个水平上，如果追加促销、分销等成本，那么它相对于获得的市场份额来说是得不偿失的。

互联网时代的企业竞争难度越来越大，企业胜出需要构建的能力和花费的精力也越来越大。

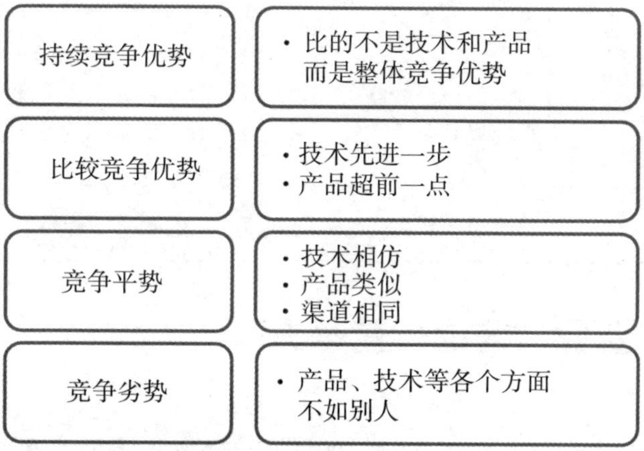

图 8-9　竞争优势层级

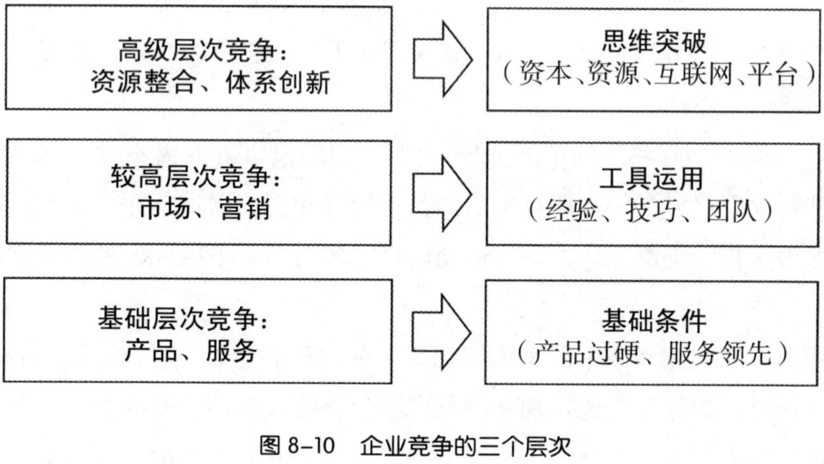

图 8-10　企业竞争的三个层次

表 8-3 塑造核心竞争优势

	过去	未来
竞争优势	√多元化 √资产规模 √市场地位	√经营战略集中 √独特的核心能力 √持续的核心能力
实施方式	√传统的组合战略 √短期盈利	√相辅相成的能力组合 √强大的价值主张
追求目标	√追求增长机会	√追求增长持续性

三、打造企业“前瞻性竞争力”

几乎所有人都感受着正在发生的剧烈变革，但无处不在的快速创新和变革是把双刃剑。在新一轮技术驱动的商业变革浪潮之中，比“互联网思维”更值得敬畏和追寻的是“前瞻性竞争力”。

在快速变革时代“前瞻性竞争力”已经成为最重要的竞争力。最新一代的拥有前瞻竞争力的企业被称为“D时代企业”，它们将在新一轮变革中获得持续竞争优势。

“前瞻者”与典型的“互联网思维”中的投机者大为不同，他们已经在所处行业中躬耕多年，拥有丰富的行业经验和商业洞见，深入了解行业，笃定地追求长期价值，从不盲目追随所谓“风口”，不因风向的改变而频繁变动。

另外，“前瞻者”不同于传统意义上的“行业老兵”。他们拥有企业家求变的精神，能够敏锐地发现新的技术潮流并吸收运用，是技术驱动的企业转型浪潮的弄潮儿。此外，更重要的一点是他们有着开放的心态，善于寻求技术合作伙伴的支持，借力借势迅速完成转型。

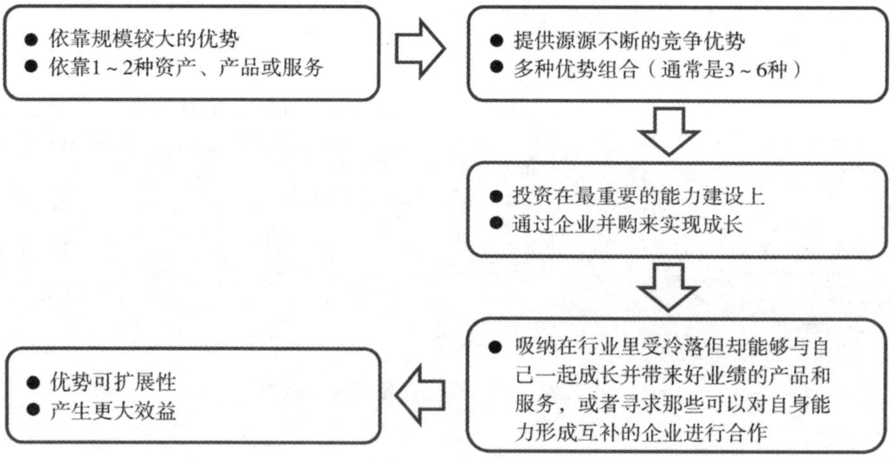

图 8-11　前瞻性竞争力的演化过程

小案例：亚马逊成为超级竞争者的独特能力

亚马逊的销售额现已经接近 800 亿美元，是整个图书出版贸易行业销售额的 4 倍多。

我们将亚马逊这样的公司称为“超级竞争者”。这是专指那些利用自己独特的核心能力成功参与市场竞争，并最终改变了商业运行环境的企业。其中所谓的核心能力是指能够持续实现与业务相关的特定目标的能力，这通常需要跨职能部门将业务流程、工具、知识、技能以及组织架构进行整合。

超级竞争者能够在今天涌现是因为，在后工业时代它们所拥有的独特核心能力占据了越来越重要的地位，而其他类型的竞争优势，比如庞大的规模，已不如以前那样重要了。

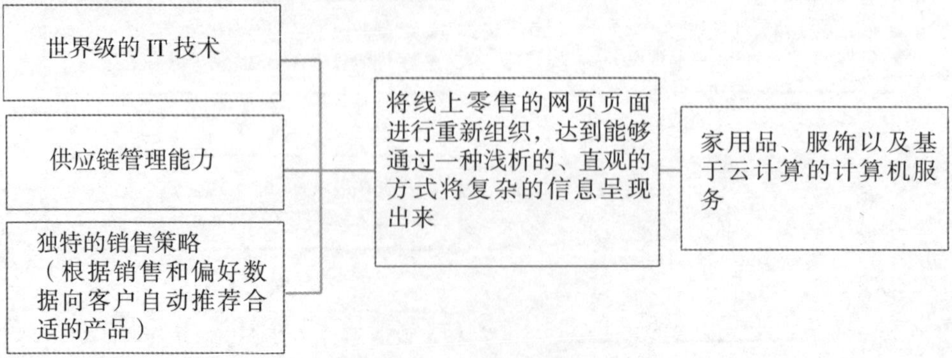

图 8-12　互相补充的核心能力

四、竞争力也要“与时俱进”

互联网时代最大的特点就是变化快速和信息对称。

因此，环境的快速变化逼迫企业必须适应变化，不断优化企业的核心竞争力，保持核心竞争力与时俱进。消费电子时代，索尼的竞争力在音乐电子方面，其核心产品是Walkman随身听。到了无线通信时代，索尼和爱立信成立战略联盟，索爱手机依旧可以打上Walkman播放器的标志。到了移动互联网时代，面对数字化音乐的冲击，索尼的核心竞争力却没能及时改变，也就意味着其将淡出人们的视野。万科总裁郁亮曾经表示：“不相信万科有核心竞争力，毕竟行业变化相当大，企业只能以变应变，没有什么能保证高枕无忧。”

未来，互联网与制造业、服务业变得更加融合，专注于主业和核心能力的企业开始“不入流”。以电子商务平台为例，这种创新的模式代表了一种新价值的创造形式，使平台可以成为一个快速良性循环的过程。这样，做平台似乎并不需要过多积累，谁都可以尝试，可以凭空被创造，因此核心竞争力的概念不再适用。事实上，正如周鸿祎所说，最困难的战略大概就是平台模式了，因为管理平台以及实施平台完全是一种独特的竞争力。

因此，互联网时代的核心竞争力要求企业必须随时进行动态变化，即企业应不断将竞争力与环境变化的趋势结合。动态核心能力可以循序渐进地结合已有资源，以产生新的价值创造。例如，百度从搜索引擎做起，业务逐渐向云计算和大数据延伸，苹果、谷歌、Facebook 都正在通过一系列多平台绑定战略完善自己的竞争力，只是结果不尽相同。

当下，被人们所热炒的竞争力是“大数据”，它其实充分体现了核心竞争力是动态变化的概念。大数据的积累是前提条件，但也只有企业逐步完善了大数据的挖掘能力及工具应用能力，才能成为真正的核心竞争力。就像阿里巴巴做互联网金融，它除了做大数据分析，还要引入对传统银行等金融业务的理解才能发力。

互联网时代，不管是思维模式还是布局，核心竞争力的四个标准都不会过时——是否有价值、是否稀缺、是否难以模仿、是否不可替代。满足这些条件，新战略才可能成为支撑企业未来的基础。

企业是各种能力、资源以及要素的集合体，而核心竞争力则是保持这个集合体能够存在的关键支点。并非将资源简单整合和堆积企业就能生存。核心竞争力是企业经过长期积累沉淀下来的，但环境要求企业应不断推陈出新，只有保持核心竞争力的动态变化、与时俱进，企业才能持续发展。

五、培育核心竞争力的五大误区

当我们在试图打造企业核心竞争力时，往往会不自觉地陷入一些误区。

误区一：核心产品不是核心竞争力。企业对于核心竞争力的理解有很大的差异，最为明显的一个现象就是，相当多的企业总是把企业的核心产品和核心竞争力混为一谈。事实上，对于企业的核心竞争力要有一个系统的理解，不能以企业在某一方面暂时的优势来替代，更不能以某一个优势的产品代替核心竞争力。任何一个企业都可以培养自己的核心技术，也可以在核心技术的基础上发展核心的产品，进而形成自己的核心业务。但是，这些都不足以成为企业强大的核心竞争力。

误区二：技术不是核心竞争力。核心竞争力必须是一个企业能够长期获得竞争优势的能力，它是一个企业能够基业长青的关键因素。技术、人才及管理只能是企业在某段时期内的相对竞争优势而已，真正能够经得起时间考验的因素才有可能成为核心竞争力。

例如，IBM在它一百多年的发展史上，不乏导致企业灭亡的生存危机，而每一次它都能“侥幸”生存下来，并成为当今的500强企业，如果一定要说技术是它的核心竞争力，那准确来说，应该是“不断使顾客满意”的技术才可能成为它的核心竞争力，技术的后面是企业的核心价值观在指导。正如一个民族如何才能在世界民族之林长存，只有“民族精神”才可能使其永存不朽。

误区三：核心竞争力不同于企业一般能力。企业的竞争力是企业在市场竞争中得以存续和发展所应具备的功能，是企业的相对优势。企业的资源、知识和技术等只要具有一定的优势都可以形成竞争力，如营销的竞争能力、品牌的竞争能力、研发的竞争能力、经营管理的竞争能力等。对企业而言，竞争力只存在程度上的差别，而不存在有无的问题。而企业核心竞争力，是指处于企业核心地位，具有独特优势和领先优势，使竞争对手在一个较长时期内难以超越的竞争力。

误区四：盲目多元化当作跨界竞争。有些企业在主业上赚了一点钱、积累了一点实力、打下了一点基础，就自恃实力雄厚，开始盲目地多元化经营扩张，向自己不熟悉的行业挺进。但却因没有相应的人才、资金、管理作为扩张的坚强后盾，结果搞得身败名裂、全军覆没。互联网时代，跨界不同于盲目多元化，跨界竞争是基于企业拥有的优势，而盲目多元化是指企业多元化的业务之间没有任何关联。

比如小米手机跨界竞争电视、农业、智能家居行业，是因为手机智能入口的开放和庞大的粉丝群体，阿里巴巴延伸至金融领域，是基于淘宝庞大的流量之上的。

误区五：误把战术当作打造核心竞争力。对战略有误解或者偏见的人，经常会拿“计划赶不上变化”当借口，好像这个市场变化无常、没什么规律可言，无法掌控，只能跟着感觉走。其实，对战略的误解或忽视使很多企业疲于奔命，始终处于“救火”的状态。大家知道科学就是发现规律、总结规律。战略所要解决的就是把看似没有规律的环境或市场总结、分析出规律来。所以，那些认为计划赶不上变化的人，其实是没有认真研究过市场，无法找到市场的规律而已。记得一位老中医说过，一个经验丰富的老中医可以从病人的脉搏里测量出 27 个参数，而普通人只能测出 1 个参数——心跳。为什么差距如此之大？因为经验丰富的老中医能在微弱的信号中提炼出有用的信息，再根据这些信号的强弱与 27 个参数进行不同组合就能诊断出病人的病因所在。做企业也是如此，需要在错综复杂的市场环境中，从微弱的信号里提取有用的信息并进行加工处理，从而得出结论，而所有的战略与计划都是基于这些加工过的信息来制订的。

企业获得持续竞争能力的强弱决定对客户价值实现的大小！

第三节 构建生态创新系统

一、企业的生态创新系统

生态系统指在自然界的一定的空间内，生物与环境构成的统一整体，在这个统一整体中，生物与环境之间相互影响、相互制约，并在一定时期内处于相对稳定的动态平衡状态。同样，企业在互联网时代进行战略升级、创新商业模式的同时，也必须着力建立生态的创新系统。企业的发展过程，无时无刻充满了试错与纠偏，健康的“肌体”要充满不断的变化与“代谢”才是活力的来源。

没有一成不变的商业模式。环境在变化、市场在变化，企业的经营体系也必须随之变化，并且随着环境的变化而不断地进行自身变化，把握环境趋势，形成生态的创新系统。

企业创新的时机，要紧密结合市场需求和竞争情况以及市场发展趋势做出有远见的提前性选择。遗憾的是，在许多企业里，直到发生了大规模的危机才会认识到创新的重要性，即使如柯达、索尼、诺基亚这样称霸全球的制造商，由于延误时机也付出了沉重的代价。

企业如果没有自我换血和自我革命的能力，就会沉入“生物链”的最低端，被消耗殆尽。成功的企业必须学会如何组合创新内涵，根据环境变化来不断调整，并且选择最有效的实现路径。

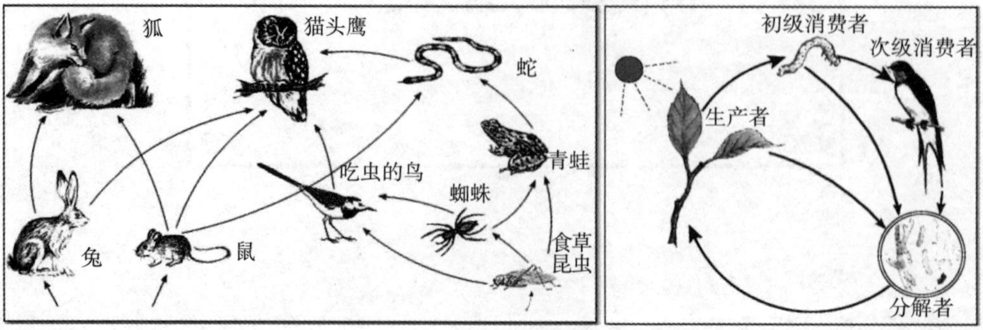

图 8-13　自然界生物链

苹果一直在着力打造一个生态创新系统。

苹果的外部生态体系：近 200 家覆盖全球的供应商体系、超过 250 亿首歌曲的世界第一数字音乐商店、覆盖全球的音乐内容提供商、苹果应用商店及其 900 万个注册开发者超过 120 万个应用的软件。依托如此强大的外部生态体系，苹果打造了一个由电脑、智能手机、平板电脑等产品组成的共生共荣的内部生态系统。为了扶持这个生态系统，苹果曾经出资垄断重要部件、出资帮助康宁研发屏幕玻璃技术、出资帮助合作伙伴在中国建立电镀铝板材料工厂，在软件应用商店发展初期进行造星运动，扶持“愤怒的小鸟”等热门应用等。

中国的互联网公司其实也在营造生态系统，也学会了在商业竞争中“打群架”。阿里巴巴和腾讯半年超过 750 亿元的投资和并购，就是在打造强大的生态系统。如果说阿里巴巴的一系列投资缺乏有效整合，更像是上市前的实用主义炒作，腾讯从投资搜狗之后学会的非控股投资，则更容易依托于微信的超级入口快速推动生态系统融合。

成为森林之王，组成一个兽群，是比吃掉这些小动物，变成一个臃肿的庞然大物更加正确的选择。

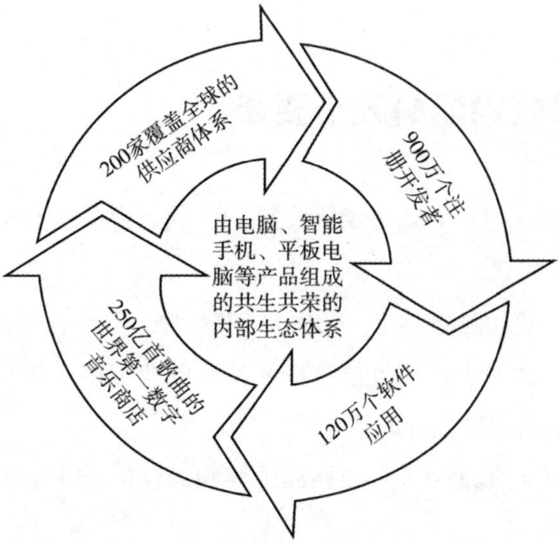

图 8-14　苹果的内、外部生态系统

生态创新系统与企业的能力培养相伴相生。缺乏能力支持的模式创意只能是空中楼阁，模式创新的最终成功和不被模仿，从根本上依赖于形成与模式相匹配的独特能力。成功的模式创新要求企业着眼于四个方面培育创新能力：模式创新、技术创新、管理创新、资本创新。

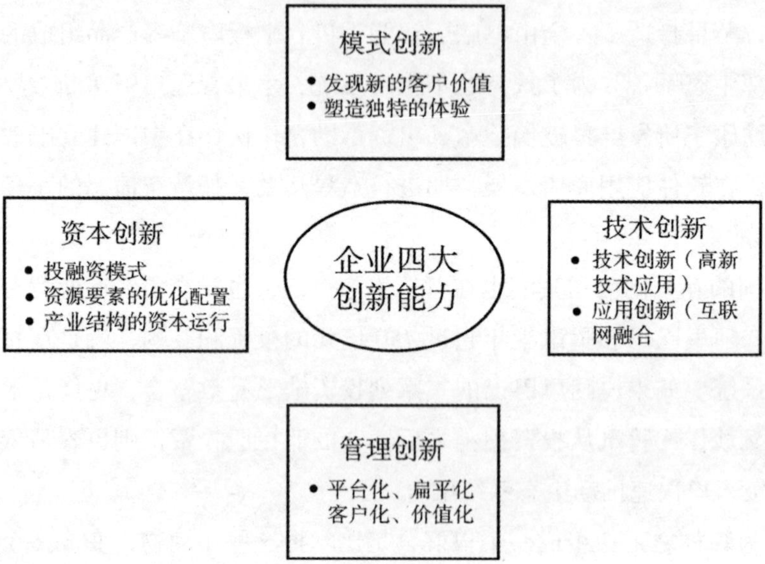

图 8-15 生态创新系统与企业能力培养

二、商业模式构建的五个要素

企业构建商业模式必须考虑客户价值、战略定位、盈利模型、战略控制及价值网络五个要素。

客户价值：超越竞争对手，为客户创造更多或更大、更新的价值。

战略定位：企业进入的价值领域和从事的业务以及所要达到的目标，决定了企业的立足点和发展方向。

盈利模型：企业选择进入的利润区和利润获取方式，以最优的成本结构创造最大的价值。

战略控制：建立企业的持续竞争优势，使其免受竞争对手和客户势力的侵蚀，强化客户忠诚与产业链地位，有效避免模式被抄袭和模仿。

价值网络：企业通过内部资源优化与外部资源整合，依托产业链和产业集群，构造其价值系统，创造网络化价值，实现低成本或差异化的竞争优势。

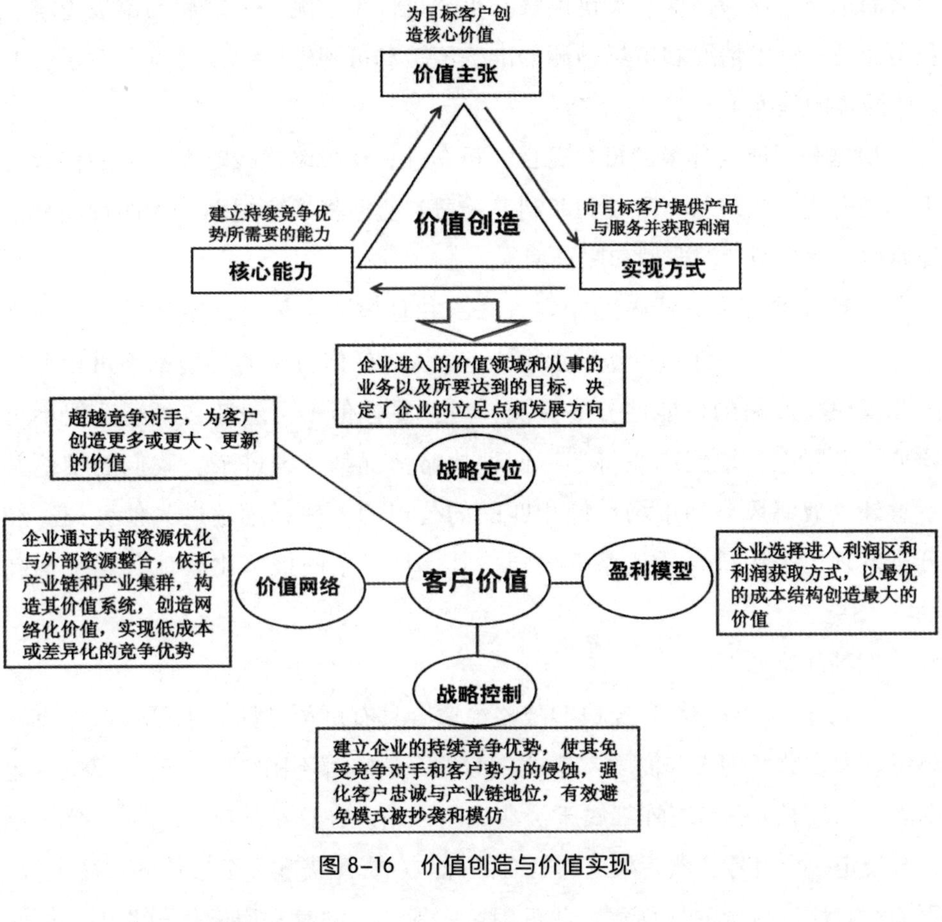

图 8–16　价值创造与价值实现

三、四种典型的战略

在互联网行业，创新活动和新公司如雨后春笋一般不断涌现，公司占领或失去市场份额的速度非常快。互联网公司会时不时推出一些新业务，彻底改变市场竞争的基础。在这样的环境下，要想获得竞争优势，企业需要在竞争对手之前解读市场信号并迅速做出反应、适应变化，或者借助领先的技术影响市场需求和竞争方式。石油、能源等行业的战略制定在互联网软件行业是行不通的，因为前者可预见性很高，而后者可预见性很低且在不断变化。面对不同的竞争环境，公司在战略规划、发展和部署方面是有显著区别的。战略的选择应该考虑两个关键因素：可预见性（预测不久之后的市场需求、公司业绩、竞争情况和市场预测的准确度）和可塑性（你或者竞争对手影响这些因素的程度）。

根据公司所处环境的可预见性及可塑性，《战略之战略》一文的作者马丁·瑞夫斯、克莱尔·洛夫和菲利普·蒂尔曼斯将战略规划分为四种类型：经典型、适应型、塑造型和愿景型。

每种战略都有其清晰的制定方法，并且最适合某一特定环境。战略规划者经常将可预见性和可塑性混在一起，认为任何可塑的环境都不可预见，因此仅仅将战略的可能性分为两类：可预见性但不可塑造，可塑造但不可预见。实际上，他们应该将上述四种战略情况都考虑进来。我们的结论并不意外，战略风格和市场环境相匹配的公司的表现远远超过其他公司。经分析发现，采用最合适战略的公司，其3年股东回报率比其他公司平均高4%～8%。

四种战略如下：

（1）经典型战略 。经典型战略最适合具有可预见性但不可塑造的市场环境。大多数经理人和商学院毕业生对这个战略都不陌生——五力模型、蓝海战略、增长/份额矩阵都属于经典战略风格。在这种战略风格下，公司首先会设定一个目标，然后根据其特有的优势和资源瞄准一个最佳的市场定位，再通过有序、持续的规划建立并巩固这一地位，同时利用量化预测手段更好地预测未来。这类计划一旦形成，往往会存续数年。经典型战略规划部门完全可以作为独立部门运作，因为它需要特殊的分析和量化研究技巧，另外由于事态发展缓慢，各部门之间有充裕的时间进行信息交换。

（2）适应型战略。经典型战略在石油公司适用，这是因为它们的运营环境不会随时变化，最佳市场定位以及回报最高的产能今天存在明天还会存在。

但是，在另一些行业，情况则完全不同。正如《适应性：新的竞争优势》一文所谈到的，全球性竞争、技术创新以及经济不确定性因素，使得环境的不可预见性极高。在这样的局面下，一份精心制定的经典型战略可能在数月甚至数周内就会过时。

因此，公司需要一种更灵活的战略，通过这种战略不断地优化目标、策略，平稳迅速地调整、收购或剥离资产。在这种变化很快、互动关联的环境下，企业所做的预期可能是错误的，而且长期计划基本没用，这时的目标不再是效率最优，而应是以灵活为主。因此，计划制定周期可能会缩短至一年以内，甚至是持续制订计划。计划的形式也不再是一份精心描绘的蓝图，而是基于最有可能获得的数据做出一个大概的假设。在检验计划时，计划必须与运营息息相关或者融入运营中去，从而最有效地捕捉到市场变化的信号，将信息损失和传递时滞降到最低。

（3）塑造型战略。正如一些互联网软件供应商们深知的那样，有些市场环境不能视为既定的。例如，在一个新兴市场或者年轻的高增长行业中，市场进入门槛很低，创新率很高，市场需求很难预测，并且竞争对手的相对位置不固定，一家公司经常可以通过一些创新举措完全改变行业发展轨迹。如果在一个成熟产业中也存在类似的分散性，并且不存在少数几家有实力的企业垄断了这一行业，或者这一行业陷入停滞而且变革的时机已经成熟，这样的行业都具有可塑性。

在这样的市场环境中，如果一家公司希望通过经典型战略或者适应型战略来获得最佳市场定位话，那么这家公司前景堪忧，它会被各种事件左右，失去控制自己命运的机会。这家公司最好采取一种战略，将不可预测的环境塑造成对自己有利的环境，而不是将这样的机会拱手让人，这样一来不论如何发展它都会获益。

与适应型战略一样，塑造型战略的周期也很短暂或者是持续性的。在这样的战略风格下，灵活性最重要，对预测性机制的依赖不大，这一战略通常通过商业实践来实施。但是与适应型战略不同的是，塑造型战略的制定者关注的范围不限于公司本身，他们会先定义具有吸引力的新市场、新标准、新技术平台和商业实践，然后围绕他们的事业组建一个包括客户、供应商以及补充者在内的强大的生态圈。他们会通过市场营销、游说以及聪明的合伙关系传播这些观点。在数字革命初期，互联网软件公司经常会使用塑造型战略创造新的社区、标准和平台，后来这些都成为新市场和业务的基础。

（4）愿景型战略。有些时候，一家公司不仅要有塑造未来的力量，还要清楚未来是什么样子以及如何实现。这时就需要一些大胆的战略——就像发明家们创造全新市场的战略，或者公司领导层凭借一种全新的视野让公司重获新生。此战略信奉的是先制造出产品，然后使顾客自动被吸引过来。

失败的企业是过度沉湎于自己的世界，忽视了环境的变化，忘记了改变。

成功者都有自我变革的内驱力，如果等着环境逼迫你改变的时候，你已经慢半拍了！

四、构建新型的管理组织

诺基亚最先发明了触屏手机，但却被苹果打败了；数码相机是柯达发明的，但是柯达并没有抢占到数码相机的“风口”。很多企业具有丰裕的资金、优秀的品牌、顶尖的技术、广阔的市场、强大的成本控制能力和质量保证能力，但是依然不知不觉地就失败了。企业目前面临的是“傻瓜式失败”——的确失败了，但是不知道错在什么地方。

纵观巨人们倒下的历史，所犯的基本错误，绝对不是资金、技术、市场的问题，而是思维、组织、文化的问题。产业在推进“互联网+”的进步，而很多企业的思维、组织管理依然停留在工业时代。

创新不再是可有可无的点缀，而是企业生存的必需。很多公司可以通过创新获得巨大的利润。相反，一些受人尊崇的标杆企业因为没有把握住市场与技术变革的时机，最终丧失了行业中的领先地位，对于这一现象，克莱顿·克里斯坦森说：良好的管理导致了这些企业的颓败，往日的成绩成了创新的绊脚石。

互联网时代，不但企业家的思维决定企业的未来，企业的组织更是决定企业未来的基石。传统公司的管理架构如同一座金字塔：底层是各种各样的基础员工，随着员工职责和管理权限的增加，人数不断减少，直至塔顶的董事会。互联网时代这样的管理方式不够高效，企业的组织方式必须由等级制走向平台化、扁平化、去中心化。企业竞争无边界，内部组织也要无边界。

海尔提出的“人单合一”经营模式构建“企业平台化、员工创客化、用户个性化”的组织体系，就是适应互联网时代发展的新型组织结构。韩都衣舍每年推出 3 万种新款 SKU、销售额达 20 亿元，依靠的就是以小组制为核心的单品全程运营体系。

过去大公司、大品牌处于价值链的核心，对上下游实施控制。互联网时代，数据是分布式、碎片化、实时性、海量产生的时候，信息变得透明、公开和共享，企业内部组织和发展战略也必须改变。

互联网时代对于企业家提出更高的要求，即知识结构体系、战略思维逻辑、前瞻性洞察力、自我变革意识、强大领导才能。互联网时代的企业家必须不停地寻求变化，做出反应，并将变化当作机会。互联网时代的企业家需要洞悉那些正在发生但看起来微不足道的事情，这些事情未来会极大地影响产业和企业经营的关键。彼得·德鲁克将此称为“正在发生的未来”。

世界上没有永远卓越的产业，也没有永远卓越的企业，我们唯一要做的就是运用创新的思维，促进企业向更高的台阶迈进。

过去	未来
• 粗放经营	• 粗益创业
• 依靠关系	• 扎实经营
• 依靠资源	• 知识密集
• 机会主义	• 人才导向
• 投机心态	• 系统逻辑
• 模仿跟随	• 价值创新

图 8-17 企业经营“思维变迁”

中国企业
生于机会，死于变化！

“能够生存下来的物种，并不是那些最强壮的，也不是那些最聪明的，而是那些对变化做出快速反应的。”

——进化论奠基人 查尔斯·罗伯特·达尔文

“从本质上看，企业的发展就是变革。企业的生存与发展依赖于快速识别环境和市场变化以及对其做出迅速的反应。”

——现代管理之父 彼得·德鲁克

“变革意味着机遇，你能在行业发生转变之前，最早迈出哪怕一小步，先发制人，就会有很大的机会，但如果你认为没有必要改变，你将会自取灭亡。”

——联邦快递创始人 弗雷德·史密斯

案例分析：

被移动互联网“吞噬”的维络城

2007年，张毅斌硕士毕业后研制出了一种终端机——可以打印优惠券，当时如同ATM一般，遍布于各个人群聚集的角落。商家可以在上面发布打折信息、推广品牌，用户可以通过RFID射频识别卡获取优惠券，终端机运营商则主要通过向商家收取广告费来实现盈利。

起因是张毅斌发现各个商圈里，商家们将优惠券盲目派发，缺少针对性，很难博得消费者的好感；同时，网络上各种打折信息又吸引了不少消费者，却因为没有纸质优惠券那么具有信任感，很难形成线下消费。

张毅斌率领团队研制出了这种终端机，将其命名为“维络城”，并注册了专利。首先找到DQ冰淇淋等几个品牌，为其提供免费试用。上海地铁站里，维络城一经问世，便迅速吸引了很多新潮的年轻人。

他们拿着一张张麻将牌大小的维络卡，放在终端机的感应区上，然后按一下印有商家品牌LOGO的“小灯箱”，机器就会打印出一张该商家的优惠券。凭借这张优惠券，他们可以到附近的商家享受相应的折扣。

维络卡印有各种卡通图案，可以当作手机链挂在手机上，这正符合了当时年轻人喜欢用手机链装饰手机的潮流。对于年轻的消费者们，既可以打折又时尚美观的维络卡，充满了“魔力”，当时每张售价20元，但销售火爆。

在一段时间内维络卡改变了年轻人的消费习惯，也为商家提供了一个前所未有的营销平台。维络城广布终端，不仅占据了上海各个商圈与地铁站，还面向了全国。肯德基、麦当劳等商家纷至沓来，维络城对商家的政策也从免费变成了每个小灯箱每月收费3000元。2008年，维络城在上海滩坐拥会员近200万人，1000多台终端机一年吐出2000万张优惠券，商家投放价格也升至每个小灯箱每月4000元。2011年，维络城收入近亿元，引发了媒体的争相报道，评价维络城为“最有潜力的科技公司”“最具投资价值的创新公司”和“最佳新锐营销平台”。这家起步于上海的企业开创了优惠券打印行业，维络城甚至一度成为这个行业的代名词。在业务最火爆的时候，它的2000多个终端机，深入“北上广”乃至香港等10个城市，吸引了500多万用户和3000多个商家。

其成功的关键因素如下。

2008年的金融危机，在一定程度上激发了维络城的优惠券业务。许多商家为了缩减成本，开始选择与维络城合作。两年内，维络城分别获得了三轮融资，总共高达5000万美元，背后强大的资本助力，催化着维络城迅速壮大。张毅斌与自己的两位校友组成了“中国合伙人”式的创业团队：张毅斌主管发展战略，另外两位创始人分别主抓管理和技术，三人分工合作为维络城尽心出力。

维络城的盈利模式是向商家收费。尽管是一个专注线下的传统产品，但其“用户、流量和后台管理”的互联网属性，让维络城的营销服务越来越精准。

相比街边随意发放的优惠券，维络城实现了让消费者从被动“收券”到主动“选券”的转变。使消费者对商家的信任度在无形中得到提升，而用户对自己花时间挑选的东西往往更加珍惜。维络城终端机打印出来的优惠券，回收率高达30%，而街边发放的优惠券的回收率通常只有5%。

维络城设计了两个数据库，分别管理用户信息和用户行为。通过数据统计，维络城能迅速知道最受欢迎的产品和最没销路的产品，甚至连用户消费行为也能通过数据分析一目了然。“一个火锅店得知明天有雪，决定促销，只要前一天晚上告诉我们，第二天优惠信息就会出现在维络城的终端上。”

精确的数据库与迅捷的执行力，使得维络城比传统广告更加精准、及时，又比线上营销更靠近消费者和消费场所。“综合了线上与线下的优点，又避开跟两者的直接竞争。”维络城的签约商家数量不仅一路飙升至3000多家，而且其续签率更是超过80%。

可环境在变化，它的战略却没有及时做出调整。2011年，移动互联网时代悄然而至，以苹果、三星为代表的智能手机将曾经的全球手机业霸主诺基亚逼上绝境。随着团购在手机上实现支付，消费者们几秒钟就能在手机上拿到折扣优惠，而不再需要移步到维络城的终端机上打印优惠券了。

在变幻莫测的趋势中，尽管维络城也成立了负责开发移动客户端的部门，但张毅斌并没有给予足够的重视，更没有花力气去研究，反而一再强调“要不忘初始，巩固线下”。正在他精心策划着如何“巩固线下”时，移动互联网这个“隐形对手”已经开始强势来袭。同时，维络城自身的硬伤也开始凸显：优惠券成本太高，不仅需要机器成本、入驻成本还需要人工成本。相比之下，移动互联网上的App程序，几乎可以“零成本”复制，其基于地理位置的LBS应用，也足以取代维络城布在商家店铺附近的终端机。

随着移动互联网上各种App应用爆炸式增长，消费者使用手机领取优惠编码，逐步取代了纸质优惠券。商家可以通过这些App应用，低成本甚至零成本地发放优惠编码，所以商家付费给维络城的意愿直线下降。

用户急剧减少，商家捂紧腰包，维络城员工们的薪资也随着业务的减少而迅速缩水，维络城人才流失严重。

其间，模仿者又如雨后春笋般冒出来，维络城的市场份额逐步被瓜分。在对手的冲击之下，维络城始终没有采用“看上去更炫的触摸屏”。只因张毅斌坚持认为，触摸屏的精度和灵敏度较低，而其Windows系统的维护成本和不稳定性，都会造成极大的后台压力。

但事实上，优惠券打印机的触摸屏就像智能手机一样，随着技术的快速提升，张毅斌所担心的问题很快得到了解决。反而，维络城按钮式的终端机不仅在年轻消费者心中显得落后，而且因为只能呈现15个品牌的LOGO，最终遭到商家们的嫌弃。这就像苹果的触屏时代打败诺基亚的按键时代。维络城因为一次次的“故步自封”，最终陷入四面楚歌的绝境。

维络城的失败极其怪异，很多O2O企业都死于线下太弱和模式太轻，而它却死于过分关注线下和模式过重。

从2012年开始，维络城开始一蹶不振。同年10月，张毅斌不再担任维络城CEO，并退出了公司管理层。而到了2013年，维络城仅剩不到20个终端机，散落在北京、上海两地不起眼的角落，无人问津。虽然维络城与嘀嗒团宣布合并，但已无力回天。

维络城成功于市场需求的洞见，却失败于没能随环境变化及时做出自我战略调整。

图 8–13　遍布商业网点的维络城终端机

商家可以在维络城终端机上发布打折信息、推广品牌，用户可以通过 RFID 射频识别卡获取优惠券，终端机运营商则主要通过向商家收取广告费来实现盈利。

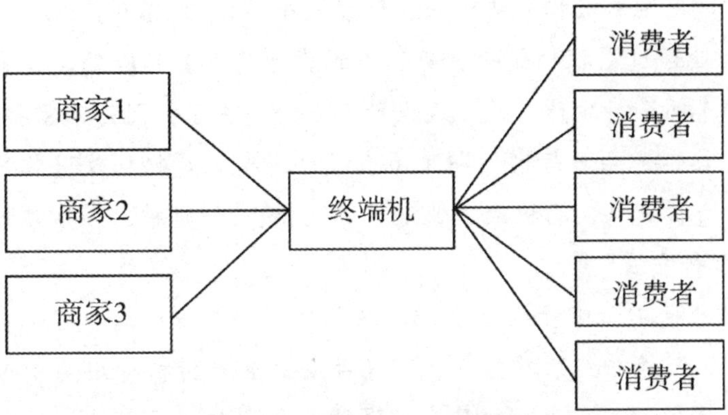

图 8–18　维络城重线下的商业模式

案例分析：

互联网家具的“黑马”——林氏木业

林氏木业由85后的林佐义创办，起步时只有2万元，最初是贴牌代理销售模式，每年营业额翻数倍增长：2009年销售额为2000万元、2010年销售额8000万元、2011年销售额1.7亿元、2012年销售额达到3.8亿元、2013年销售额超过6亿元，目前累计实现销售额已达15亿元。

林氏木业一步步蜕变成掌握全产业链的数据化运营模式，跃进天猫“双11”的“亿元销售店铺”，为家具的电商玩法提供了范本。从最初只有几个人的小淘宝店，发展至拥有300多员工、3个家具厂、4个仓储，总面积十几万平方米的企业。这些都与其数据化运营密切相关。

林氏木业的战略可以概括为：以大数据为基础的商业模式创新。

纵观林氏木业5年多的创业史，数据化运营是其崛起的基石，贯穿其产品营销和企业运营的全过程。林氏木业自创业始，就依赖于数据的收集与分析。更随着企业壮大，加深了对数据的依赖程度。2012年，林氏木业根据自身的经营管理法则和数据采集需求，研发出个性化的ERP系统。

林氏木业通过累积的销售数据以及搜索所有家具品牌的热销产品，继而反馈给生产车间进行生产，甚至连设计人员都省去了，因为不需要自主设计，只需要根据热销产品进行模仿即可（有设计，也只是起到改进作用），竞争品牌只有几百种产品，而林氏木业则可迅速推出3000种，经常热销的产品则保持在1000种左右。

林氏木业也不必重资投资生产厂房，只需要委托加工即可（自建车间不是自主生产，只承担组装功能），竞争品牌的生产价格费用为10%～20%，而林氏木业只有5%～6%，并且有很强的溢价能力。

以“双11”购物节为例。林氏木业此前定下了2亿元的销售目标，囊括天猫林氏木业旗舰店和旗下 7 家子店。为完成目标，林氏木业需要对“双 11”前期的数据进行分析，从系统里能看到最近的流量趋势、咨询量、收藏量、放进购物车量，数据好好在哪里，差的是哪里出了问题，基本都能反映出来，据此及时调整策略。根据系统数据的指向，林氏木业最终确定了“双 11”期间共八大风格的 600 多款产品上架，包括美式、欧式、中式、法式、韩式等细分风格。备货中以软体家具的占比最高，其次是板式。当日天猫林氏木业旗舰店内共有 9 款产品销量过千，其中一款皮式沙发销量达 3000 多套。

无论是平时还是“双 11”，林氏木业的所有产品初步上架前，都会根据成本、市场需求等因素测试最初价格、预期销售额。产品上架售卖后，如果市场反应未达到预期，林氏木业会进一步根据浏览量、收藏数、停留时间、跳失率、下单数等分析问题所在，调整价格，直到产品销量符合预期，有些产品平均改价 10 次。自建了 ERP 系统后，处理订单，有现货则立即转到仓库发货，没有现货则转到工厂下单生产。

那么，面对巨大的订单量，林氏木业是如何快速处理以保障售后服务的呢？例如，客户在林氏木业旗舰店购买了一款沙发，下单后订单会自动下载到林氏木业的 ERP 系统，客服根据订单对接客户并确认，客户确认后订单会转到跟单部，跟单部审核是否有现货，如果有现货，订单会被立即转到仓库发货，如果没有现货，则转到工厂下单生产。

而对于团队管理，林佐义也是奉行数据化决策的原则。从 2010 年开始，

林氏木业内部就已经开始使用自主研发的企业管理系统。员工从上班打开电脑后，系统会自动弹出当日应做的事件，员工每处理完一件事，其结果都会显示到上司的系统内。这样，作为老板的林佐义每天可以很清晰明了地浏览公司整体的工作状况和运营进展状况，尤其是所有业务量的完成情况，这些数据可以帮助林佐义及时查找问题的原因，为处理和决策提供客观依据。

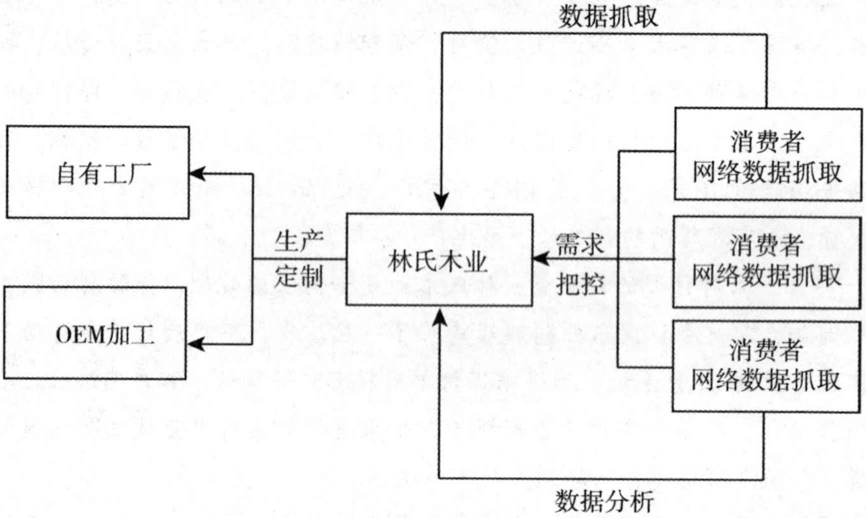

图 8-19　林氏木业的“大数据”模式

深度思考：预测行业未来发展趋势

序号	问　　题	思考答案
1	你的企业成功的核心的要素是什么？	
2	有哪些要素可以成为你企业的核心竞争能力？	
3	如何构建你企业的竞争力群组？	
4	如何保持你企业的竞争优势？	

参考文献

[1] 石泽杰 . 无边界竞争——企业如何应对失控的未来 [M]. 北京 : 机械工业出版社，2016.

[2] 石泽杰 . 开放式战略——互联网 + 商业模式颠覆式创新 [M]. 北京 : 中国经济出版社，2015.

[3] 石泽杰 . 营销战略升级与模式创新——开创企业价值营销新时代 [M]. 北京：中国经济出版社，2013.

[4] 拉里 · 唐斯，保罗 · 纽恩斯 . 大爆炸式创新 [M]. 粟之敦，译 , 杭州：浙江人民出版社，2014.

[5] 维克托 · 迈尔 – 舍恩伯格，肯尼思 · 库克耶 . 大数据时代 [M]. 盛杨燕，周涛，译 , 杭州：浙江人民出版社，2013.

[6] 腾讯科技频道 . 跨界 [M]. 北京：机械工业出版社，2013.

[7] 大前研一 . 无国界的世界 [M]. 北京：中信出版社，2011 .

[8] 李振勇 . 商道逻辑 [M]. 北京：中国水利出版社，2009.

[9] 郭剑 . 成长模式 [M]. 北京：东方出版社，2007.

[10] 钟钦政 . 汇付天下以垫款模式 ，占据一半机票市场 [J]. 深圳特区科技，2011（11）.

[11] 马丁 · 瑞夫斯，克莱尔 · 洛夫，菲利普 · 蒂尔曼斯 . 战略之战略 [J]. 哈佛商业评论 (中文版), 2012.

[12] 周云成 . 从增量竞争到存量战争 [J]. 商界评论，2013（7）.

[13] 刘登 . “借鸡生蛋” 途家网 [J]. 商界评论，2013（7）.

[14] 白刚 . 取舍顾客一体化 [J]. 商界评论，2013（10）.

[15] 韩树杰 . 开放生态五大基因 [J]. 商界评论，2013（11）.

[16] 吴嘉雯 . 维络"空城"[J]. 商界，2014（1）.

[17] 滕斌圣 . 核心竞争力也要新陈代谢 [J]. 商界评论，2014（11）.

[18] 张华光 . 为竞争力造一个生态系统 [J]. 商界评论，2014（12）.

[19] 何帆 . 我们都是大数据时代的"海狸"[J]. 金融时报，2015（1）.

[20] 前瞻竞争力，比互联网思维更值得追寻 [J]. 哈佛商业评论，2015(3).

[21] 廖宇 . 德国式互联网精神：不要拿互联网忽悠人，请主动服务传统业界 [J]. 商业价值，2015（3）.

[22] 马浩 . 商业模式的时尚与战略管理的厚重 [J]. 中欧商业评论，2015（4）.

[23] 孙博洋 . 大众创业万众创新：你我都是中国经济增长新引擎 [EB/OL]. 人民网—财经频道， 2015-3-5.

[24] 阿里研究院 . 2015 年 3 月"互联网 +"研究报告 . 2015-03.

[25] 天马来行空 . 互联网 + 的泡沫与真相 [EB/OL]. 虎嗅网，2015-04.

[26]《商界》编辑部 . 互联网 + 八大模型 [J]. 商界，2015（5）（上旬刊）.

后记

互联网产业化和产业互联网化正逐渐成为中国经济发展的主流话题。一方面，互联网公司正在渗透传统产业，创造全新的经营业态；另一方面，传统产业也在加速拥抱互联网，推动企业的转型升级。

“互联网+”的变革正呼啸而来，创新驱动的发展方式已经迫在眉睫。习惯了粗放式发展的企业如果不想被洗牌，必须重新思考创新、技术以及发展之间的辩证关系。

越是危机时刻，越是创新的最佳机会。但是，创新变革并不是一件容易的事情，企业必须将“创新”二字贯穿于思维、理念以及行为之中才能获得意想不到的结果。

最具创新力的企业永远是那些高瞻远瞩的企业，它们依靠在经营过程中形成的独特的文化基因，构造了一个有创造力的环境，不断容纳创新因素进入；最具创新力的企业不以短期利益所动，而是以人为本、坚定不移地坚守自己的价值阵地，考虑的是产品和服务如何影响社会、如何创造社会价值；最具创新力的企业具备自我变革的驱动力，以驱动市场的方式来主动挑战每一次环境变化，而不是被环境变化所驱动。

没有最好的商业模式，也没有一成不变的商业模式，任何成功的企业都是随着环境的变化而提前做出应对，不断进行商业模式优化，以应对竞争。企业很少能够一次性做出正确的战略抉择，大多数企业是不停地在优化和试错中找到发展之路。企业最初的战略设想，往往都不会是最终引导企业成功的路径。

中国经济增长的动力已经由要素驱动、投资驱动转向创新驱动，信息经济时代的发展模式由集中控制转向大众创新，尽管新产业、新形态、新模式的规模还不够大，却代表了中国经济的未来。国务院总理李克强2015年4月23日在福建泉州调研时强调："'互联网+'未知远大于已知，未来空间无限。每一点探索积水成渊，势必深刻影响重塑传统产业行业格局……"

在大众创业、万众创新的时代，我与大家共勉，如果大家能够在此书中得到些许灵感，我便倍感欣慰。

这本书的内容是我在过去几年里所做的企业咨询的经验总结，融汇了很多创新型企业家的思维，这些孜孜不倦的企业家们正在推动着产业的变革与发展。在这里，我向他们致敬！

石泽杰

2016年6月